우리말 기본기 다지기

바른 문장, 섬세한 표현을 위한
맞춤법 표준어 공부

우리말 기본기 다지기

오경철 지음

교유서가

글을 쓰게 해 주신 전금순 선생님께

머리말

    어린 시절 교실의 기억을 되살려 보면 국어 교사들은 대부분 "눈이 부시게 푸르른 날은 그리운 사람을 그리워하자"라는 구절로 유명한 서정주의 시 「푸르른 날」을 가르칠 때, '푸르르다'라는 형용사는 표준말이 아니라는 엄연한 사실을 대수롭지 않게 넘기지 못했다. 하지만 그렇다고 해서 그것이 「푸르른 날」의 치명적인 흠이라고 공언하지도 않았다. 사범 대학에서 국어 교육을 전공한 선생들이나 온갖 상소리를 입에 달고 살았던 학생들이나 명확히 설명할 도리가 없었을 뿐 '푸르르다'는 '푸르다'로 쉽사리 대체할 수 없는 고유한 우리말이라는 것을 '느낌'으로 알고 있었다. '푸르르다'와 '푸르다'의 어감(말맛, 뉘앙스) 차이를 과학적으로 규명하는 일은 불가능에 가깝다 하더라도, 두 말이 불러일으키는 '느낌'이 서로 다르다는 것은 한국어가 모국어인 사람이라면 부정하기 어렵다. 2015년에 '푸르르다'는 기어이 '푸르다'와 쓰임이 다른 별도의 표준어로 인정되었다(현재 국립국어원 표준국어대사전의 뜻풀이에 따르면 '푸르르다'는 "'푸르다'를 강조하여 이르는 말"이다). 이는 어쩌면 표준어 사정査定의 완고한 기제가 언중의 두터운 기층 정서에 말미암아 누그러진 대표적인 사례 가운데 하나가 아닐까 싶다.

「사랑스런 추억」은 "동경 교외 어느 조용한 하숙방에서, 옛 거리에 남은 나를 희망과 사랑처럼 그리워한" 윤동주가 남긴 명편 가운데 하나다. 사실 이 시의 제목은 우리말 어법에 맞지 않는다. 바로 "사랑스런"이라는 표현 때문이다. 한글 맞춤법(제4장 제2절 제18항)에 따르면 동사 '사랑스럽다'는 "어간 끝 받침 'ㅂ'이 모음 앞에서 '우'로 바뀌어 나타나는 경우, 바뀐 대로 적는다"는 규정에 의해 '사랑스러운'으로 활용한다(이것을 이른바 ㅂ 불규칙 활용이라고 한다. '사랑스럽다'는 ㅂ 불규칙 용언이다). 그리고 아직 한글 맞춤법은 '사랑스런'을 '사랑스러운'의 준말로 인정하지 않는다. 고로 아무리 '사랑스런' 추억이라도 표기만큼은 '사랑스러운' 추억이라고 해야 "표준어를 소리대로 적되, 어법에 맞도록 함을 원칙으로 한다"는 한글 맞춤법의 총칙에 어긋나지 않는다. 그러나 이러한 까닭으로 「사랑스런 추억」의 사랑스러움이 훼손될 리는 만무하다. 다만 표준어 규정은 '푸르르다'를 "전 국민이 공통적으로 쓸 수 있는 자격을 부여받은 단어"로 인정했으나 한글 맞춤법은 아직 '사랑스런'에 포용을 보이지 않고 있는 것이다.

인간의 역사를 구성하는 거의 모든 것이 그러하듯이 자연 언어 또한 시대와 사회에 따라 끊임없이 변하기 마련이다. 자연 언어의 하나인 한국어도 다르지 않다. 언중이 더는 쓰지 않아서 사멸을 선언해도 상관없는 말들이 있는가 하면, 하루가 멀다 하고 낯선 말들이 새로이 생겨나기도 한다. 우리말과 관련한 사회적 합의이자 약속인 규칙(한글 맞춤법)과 규정(표준어 규정)이 이러한 흐름에 예민하게 반응하는 과정과 그 결과를 토대로 면밀히

9

운용되어야 함은 아무리 강조해도 지나치지 않다. 그것들은 무엇보다도 우리말 공교육과 시민 사회 언어생활의 근간이 되는 까닭이다.

말은 변화를 멈추지 않는다. 말을 부리는 주체이자 동시에 말의 부림을 당하는 객체이기도 한 언중은 말의 걷잡을 수 없는 변화 앞에 늘 유연한 듯 보인다. 일례로 언중은 낡은 말을 내치고 새로운 말을 받아들이는 데 거리낌이 없다. 종잡을 수 없이 움직이는 말들의 흐름에 부지런히 보조를 맞추지 못하면 자칫 시대에 뒤떨어진 사람이 되기 십상일 정도다. 우리가 쓰는 말이 점점 더 조급하고 복잡하게 전진하는 세계의 실상을 반영하는 노릇을 하는 이상, 이는 어쩌면 자연스러운 현상일 것이다. 그러나 언중의 유연성은 자칫 언어 사용의 방종으로 이어지기 쉽다. 요즈음 대중 매체에서 자주 언급되는 우리 사회의 문해력 저하 현상이 바로 그 대표적인 폐해가 아닌가 싶기도 하다. 한글 맞춤법과 표준어 규정은 시민들이 스스로 사회적 차원에서 이러한 폐해를 방지하도록 해 주는 최소한의 안전장치라 여겨도 좋을 것이다.

글을 쓰는 것이 생업(의 일부)인 사람들도 한글 맞춤법과 표준어 규정에 그리 밝지 못한 경우가 많다. 스무 해 가까이 출판 편집자로 일하면서 노상 우리말 원고를 들여다본 경험을 바탕으로 하는 말이다. 물론 이를 가지고 그들을 깎아내리려는 뜻은 결코 없다. 작고한 어느 문학 거장의 데뷔작에는 한동안 "요나 이불 따위의 겉에 씌우는 홑겹으로 된 껍데기"를 뜻하는 '홑청'이 모조리 "호청"으로 인쇄되어 있었다. 이는 편집자의 부주의나 태만이 낳은 안쓰러운 결과에 가까울 뿐, 이러한 잔다란 하자 탓에 저자의 필력과 문학적 명성에 금이 가는 일은 일어나지 않으며 감히 말하건대 일어나서도 안 된다(간혹 교정할 것이 거의 눈에 띄지 않는 단정하고 말끔한 창작 원고를 대하면 오히려 그런 단정함과 말끔함이 은연중 글의 개성을 희석하는 것은 아닐지 염려가 되기도 한다). 출판 분야로 범위를 좁혀 냉정하게 그 실제적 쓰임을 고려하면 한글 맞춤법과 표준어 규정은 원고의 집필보다는 교정校訂 작업에 요긴한 것이 사실이다. 그럼에도 위에서 문학 거장의 사소한 실수를 굳이 언급한 까닭은, 우리말에는 그것을 바르게 표기하기 위한 합리적 규칙과 규정이 있다는 것, 그리고 말하기에서든 글쓰기에서든 그것들을 정확하게 적용하고 적확하게 운용하는 일은 우리의 생각과 전혀 달리, 혹은 우리의 생각과 꼭 같이 그리 만만하지 않다는 것을 강조하기 위해서다.

그런데 한글 맞춤법이나 표준어 규정은 우리말을 사용하는 사람이라면 모두가 완벽하게 숙지해야만 할까? 아무래도 그것은 어려운 일일 것이다. 오늘날 우리 사회 구성원의 대다수는 중등 교육이 마무리되는 순간 우리말 공부에서 해방된다. 그리고 결국은 그 때문에 대학 교육을 받은 구직자들이 우리말 자기소개서 작성에 어려움을 겪고, 견실한 직장인들이 사내에서 보고 서류 등을 작성할 때 적잖이 골머리를 썩이기도 한다. 누가 누구를 탓할 일은 아니나 이런 풍문을 접할 때마다 안타깝고 씁쓸한 것은 사실이다. 우리말을 할 줄 안다는 것과 우리말을 제대로 쓸 줄 안다는 것은 사뭇 다르다. 그렇다면 조금이라도 우리말을 바로 사용하기 위한 방법은 없을까? 왜 없겠는가. 사전의 쓸모가 바로 여기에 있다.

이제껏 살면서 내가 가장 자주 읽은 문장은 우리말 사

전(표준국어대사전)의 뜻풀이와 용례일 것이다. 그도 그럴 것이 내가 해 온 일(편집)이 사전 없이는 도저히 수행할 수 없는 성격을 갖고 있기 때문이다. 나에게 사전은 그 야말로 없어서는 안 되는 공구工具다. 부풀려 말하자면, 나는 전적으로 사전에 기대어 먹고산 것이나 다름없다. 언젠가 원고를 들여다보고 매만지는 일을 그만두더라 도, 책을 읽고 가끔 이렇게 글을 끄적이는 한, 나는 사 전과 그리 쉽게 결별하지 못할 것이다. 종국에는 고독 한 독서인으로 남는다 하더라도 내 책상 한 귀퉁이에는 몇몇 종류의 우리말 사전이 놓여 있으리라. 여전히 내 가 읽는 책 속에는 그 뜻과 쓰임을 알지 못하는 우리말 이 천지일 게 분명하므로.

완벽한 사전은 세상 어디에도 존재하지 않는다. 사전 은 천변만화하는 언어의 실상을 시기적절하게 반영하 려 애쓸 뿐이다. 우리나라의 표준국어대사전이라고 하 여 별다르지 않다. 사용하는 데 불편을 초래하는 오류 가 없지 않(다고 생각하)지만, 그것을 구실 삼아 표준국 어대사전 자체를 깎아내리려는 모든 발언들이 나는 불 편하다. 왜냐하면, 무엇보다도 표준국어대사전은 오랜 시간 우리말을 아끼고 사랑해 온 수많은 사람들의 집 념과 은근과 끈기와 지혜와 무엇보다도 한국어에 대한 가없는 사랑이 쌓이고 집약된 결정체 같은 것이기 때 문이다.

책을 만드느라 우리말 사전을 때로는 진저리가 날 때 까지 들여다보면서 내가 어쭙잖게나마 깨달은 것이 하 나 있는데, 그것은 바로 명징한(깨끗하고 맑은) 생각은 정 확한 문장에 담긴다는 사실이다. 문장이란 그 아름다움 과 추함을 따지기 전에 일단 말이 되고 보아야 한다. 자 연 언어에 미추가 있다고 생각하지 않지만, 문장만큼 은 그렇지 않다고 주장하고 싶다. 눈이 부시게 아름다 운 문장이 있는가 하면, 눈을 감거나 돌리고 싶을 만큼 흉하고 지저분한 문장 또한 있다. 그리고 규칙과 규정 에 어긋나지 않는 문장은, 단언하건대 후자의 신세만큼 은 면할 수 있다.

이 책은 한글 맞춤법과 표준어 규정의 존재를 모르는 독자도 부담 없이 읽을 수 있도록 간결하게 썼다. 이 책 에서 다룬 항목들은 짧지 않은 세월 동안 다른 사람들의 글을 살피고 고친 경험을 토대로 가려 뽑은 것이다. 본문에서는 이론적 접근을 지양하고 평이한 예시를 통해 한글 맞춤법과 표준어 규정을 자연스럽게 이해할 수 있도록 했다. 한글 맞춤법과 표준어 규정에 거부감 없이 접근하는 방법 가운데 하나는 적절한 용례를 가능한 한 많이 접하는 것이다. 그런 측면에서 우리나라의 뛰어난 작가들이 남긴 문장은 우리말의 다양한 어법을 바르게 익히는 데에 더할 나위 없이 좋은 도구가 되어 줄 터다. 표준국어대사전에 낱말의 용례로 실린 한국 근현대 문학가들의 문장을 세심히 선별하여 수록한 까닭이다. 이 책의 항목들에 대한 설명을 차근차근 여러 번 숙지한다면 일상의 대화에서, 혹은 글을 쓸 때 이런저런 크고 작은 오류를 대폭 줄일 수 있을 것이다. 마지막으로, 이 책은 독자를 한정하지 않는다. 우리말을 읽고 쓸 수 있다면 누구나 읽어도 좋다.

『편집 후기』에 이어 교유당에서 또다시 책을 낸다. 신정민 대표의 오래고 변함없는 후의에 남다른 고마움을 전한다. 어수선한 원고를 맵시 있게 갈무리해 준 이원주 님에게 커다란 신세를 졌다. 정혜인 님의 예리하고 정확한 지적에 원고의 부실한 부분들을 손볼 수 있었

다. 졸저에 귀한 글을 얹어 주신 이광호 선생님과 장은
수 선생님께 깊이 감사드린다.

2024년 한글날

오경철

3. 비슷한 듯하지만 구별해서 써야 하는 말

4. 옳은 말, 그른 말

5. 잘 띄고 잘 붙여야 하는 말

6. 품사가 다른 말

7. 다른 말에 붙는 말, 활용하는 말

1.

발음이 같거나 비슷해서 헷갈리는 말

가름
갈음

  '가름'은 쪼개거나 나눔 혹은 "승부나 등수 따위를" 정함이고, '갈음'은 무엇을 무엇으로 대신함이다. '가름'은 '가르다'의 어간에 'ㅁ'이 붙은 말이고, '갈음'은 '갈다'(대체하다)의 어간에 '음'이 붙은 말이다. 예컨대 지휘관의 지략은 전쟁의 승패를 가름할 수 있지만 갈음하지는 못한다. 또 서류로 발언을 갈음할 수는 있어도 가름하지는 못한다. '가름'과 '갈음'은 발음이 같지만 이렇게 그 뜻은 전혀 다르다. 참고로 오늘날에는 잘 쓰이지 않지만 '갈음'에는 "일한 뒤나 외출할 때 갈아입는 옷"이라는 뜻도 있다.

"이기고 지는 것은 대개 외발 싸움에서 가름이 났다."

(이문열, 「변경」)

결재

결제

'결재決裁'와 '결제決濟'는 발음은 비슷하지만 의미는 전혀 다르다. '결재'는 "결정할 권한이 있는 상관이 부하가 제출한 안건을 검토하여 허가하거나 승인함"이라는 의미다. 결제는 "일을 처리하여 끝을 냄" 또는 "증권 또는 대금을 주고받아 매매 당사자 사이의 거래 관계를 끝맺는 일"이라는 뜻이다. 예컨대 휴가는 결재하는 것이고, 대금은 결제하는 것이다. 예문을 통해 쓰임을 명확히 알아 두자.

"이성신 교장은 김형수의 전학 서류를 갖춰 결재를 맡으러 들어가자 몹시 마뜩지 않은 인상으로 트집을 잡았다."(전상국, 「음지의 눈」)

"나 사장 역시 현금에 기갈이 난 것처럼 덤핑을 하더라도 제품은 현금으로 팔기를 원하고 지불은 어음으로 결제하려 들었다."(박완서, 「오만과 몽상」)

그러네
그렇네

    가을날 나란히 시골길을 걷던 친구가 고개를 젖히더니 이렇게 말한다. '하늘이 참 파라네.' 이에 맞장구치는 말로는 다음 두 문장 가운데 무엇이 맞을까? '정말 그러네.' '정말 그렇네.' 둘 다 옳게 사용한 말이다. '하늘이 참 파라네'는 '하늘이 참 파랗네'로 써도 문제없다. 과거에 '파랗다' '그렇다' 등의 ㅎ 불규칙 용언은 어미 '-네'나 모음과 결합할 때 'ㅎ'이 탈락하여 '파라네' '그러네' 혹은 '파래' '그래(그러해)' 등으로 표기해야 했지만, 2016년부터는 언중의 사용 현실을 반영하여 어미 '-네'와 결합하는 경우에는 'ㅎ'이 탈락한 형태와 탈

락하지 않은 형태를 모두 인정하고 있다. '개나리꽃이
참말 노랗네' '갓난아이 머리카락이 새까마네'와 같이
쓰면 된다.

꿋
끝

'한 꿋 차이'와 '한 끝 차이' 둘 중에 무엇이 맞을까? '한 꿋 차이'가 맞다. 의존 명사 '꿋'은 "화투나 투전과 같은 노름 따위에서, 셈을 치는 점수를 나타내는 단위" 다. "노름 따위에서, 좋은 꿋수가 잇따라 나오는 기세" 는 '꿋발'이라고 한다. 입말로는 익숙하지만 표기할 일 이 거의 없어 '꿋'이라는 글자 자체를 낯설게 느끼는 우 리말 사용자가 적지 않은 듯싶다. 한편 꿋은 "접쳐서 파 는 피륙의 길이를 나타내는 단위"이기도 하다. "피륙 을 한 번 접은 만큼의 길이"가 한 '꿋'이다. 생소하지만 '끝'에도 피륙과 관련한 뜻이 있다. "일정한 길이로 말

아 놓은 피륙을 세는 단위" 또한 '끝'인 것이다. 이때 '끝'
은 당연히 의존 명사로 쓰인다. '열 끗 비단 두 끝'과 같
이 쓸 수 있겠다.

너머
넘어

발음이 같고 의미상 통하는 데가 있어 자주 혼동하는 말들이다. '너머'는 공간 또는 위치의 뜻을 갖는 반면, '넘어'는 동작이다. 즉 '너머'는 명사이고, '넘어'는 동사다('넘다'의 활용형). '너머'는 가로막힌 곳의 저편이다. 가로막힌 곳을 넘으면 있는 곳, 거기가 '너머'다. 담을 넘으면 있는 곳은 담 너머고, 산을 넘으면 있는 곳은 산 너머다. '어깨너머' '어깨 너머' '어깨 넘어'는 의미가 제각각이다. '어깨너머'는 "남이 하는 것을 옆에서 보거나 듣거나" 하는 것이고, '어깨 너머'는 실제 어깨의 너머라는 의미이며, '어깨 넘어'는 어깨를 넘는다는 뜻이다.

상황에 따라 정확히 골라 써야 한다.

"뒤뜰 돌담 너머, 붉은 지붕의 건물이 바로 그가 경영하는 모란 유치원이다."(박경리, 「토지」)

"빠른 걸음으로 귀목나무들이 늘어선 둔치를 넘어 마을로 접어들었다."(문순태, 「타오르는 강」)

노름
놀음

발음은 같지만 '노름'과 '놀음'의 의미 차이는 크다. 간단히 말하면 '노름'은 도박이고, '놀음'은 유희다. '노름'은 "돈이나 재물 따위를 걸고 주사위, 골패, 마작, 화투, 트럼프 따위를 써서 서로 내기를 하는 일"이다. 한편 '놀음'은 기본적으로 "여러 사람이 모여서 즐겁게 노는 일"이고 나아가 "굿, 풍물, 인형극 따위의 우리나라 전통적인 연희를 통틀어 이르는 말"(남사당패놀음, 북청 사자놀음 등등)이다. '놀음'과 어원이 같은 '노름' 또한 '놀다'의 '놀–'에 '–음'이 붙어서 이루어진 말이지만 시간이 흐르며 그 뜻이 '놀다'에서 멀어졌으므로 소리 나는 대로 적게 되었다. (참고로 말해 두자면 동사 '놀다'의 명사형은 '놂'으로 '놀음'과 헷갈려서는 안 된다.)

"노름으로 패가망신을 하다니, 지하에 계신 너의 할아버지가 통곡을 하겠다!"(황순원, 「신들의 주사위」)

"말의 둔갑으로 재주놀이하는, 끝없는 오뚝이 놀음. 철학이란 그렇게 가난한 옷이었다."(최인훈, 「광장」)

띄다
따다

'띄다'와 '따다'는 헷갈릴 때가 정말 많다. '띄다'는 준말이고 '따다'는 본딧말이다. '띄다'의 본딧말은 둘인데, 하나는 '뜨이다'이고, 또 하나는 '띄우다'이다('뜨이다'와 '띄우다'는 각각 '뜨다'의 피동사, 사동사다). '띄다'를 써야할지 '따다'를 써야 할지 헷갈릴 때는 '띄다'를 '뜨이다' 혹은 '띄우다'로 바꿔 보면 판단하기 쉽다. '얼굴에 미소를 띄다.' '얼굴에 미소를 따다.' 앞의 문장에서 '띄다'를 본딧말로 바꾸면 '얼굴에 미소를 뜨이다' 혹은 '얼굴에 미소를 띄우다'가 된다. 미소는 '띄는' 것이 아니라 '따는' 것임을 바로 알 수 있다. 여기서 '따다'는 "감정이나 기운 따위를 나타내다"라는 뜻이다(《미소를 띄우며 나를 보낸 그 모습처럼》이라는 노래 제목에서 '띄우며'는 '띠며'가 되어야 맞다). '붉은빛을 띈 장미.' '붉은빛을 띤 장미.' 이 역시 앞 문장의 '띈'을 '뜨인' 혹은 '띄운'으로 바꿔 보면 뒤 문장에서처럼 '띤'으로 써야 맞다는 것을 알 수 있다. '빨간 지붕이 눈에 띄는 집.' '빨간 지붕이 눈에 띠는 집.' 앞의 문장에서 '띄는'을 '뜨이는'으로 바꾸면 의미가 명확해진다. 집은 눈에 '띠지' 않고 '뜨인다'.

"사람 눈에 안 띈 것은 거기가 후미지고 옴팡진 밭인 데다 밭담으로 가리어 있었기 때문이다."

(현기영, 「순이 삼촌」)

"멀리 남한산성 쪽에는 봄빛인지 푸른빛을 띤 안개가 자욱하게 서려 있다."(한수산, 「부초」)

부치다
붙이다

'부치다'와 '붙이다'는 발음이 같아서 표기할 때 자주 헷갈린다. '부치다'를 써야 할 때 '붙이다'를 쓰는 일이 그 반대의 경우보다 훨씬 더 많은 듯하다. 기본적으로 '붙이다'는 '붙다'의 사동사다. '부치다'와 '붙이다'의 어원은 같지만 오늘날 '부치다'는 '붙다'의 의미가 남아 있지 않고 '붙이다'와 다른 의미로 쓰인다. 일반적으로 '붙다'의 의미가 남아 있는 경우에는 '붙이다'를 쓰고, 그 외의 경우에는 모두 '부치다'로 쓴다. '한글날에 부치는 글'과 '한글날에 붙이는 글' 중 어느 쪽이 맞을까? 전자가 맞다. 계약에 조건을 붙이고, 논문에 주석을 붙일 수는 있다('붙다'에는 "조건, 이유, 구실 따위가 따르다" "주가 되는 것에 달리거나 딸리다"라는 뜻이 있다). 하지만 한글날은 계약이나 논문 따위가 아니므로 '한글날에 붙이는 글'이라고 쓰면 잘못이다. 그럼 편지는 '부치는' 것일까, '붙이는' 것일까? 벽 같은 데에 풀 등으로 붙여 놓는 것이 아닌 이상 편지는 부치는, 즉 보내는 것이다.

"그는 그날로 도당겨 와서 일변 서울로 편지를 부쳤다."(이기영, 「고향」)

"그는 소학생처럼 벽에다 좌우명을 써 붙였다."
(이무영, 「제일과 제일장」)

싸이다

쌓이다

피동사의 경우, 발음이 비슷하거나 같고 의미 차이를 명확히 알지 못해 헷갈릴 때에는 단어의 원형을 떠올려 보면 도움이 된다. '싸이다'의 원형은 '싸다'이고 '쌓이다'의 원형은 '쌓다'라는 것을 알고 나면 '싸이다'와 '쌓이다' 사이에서 고개를 갸웃거릴 일이 줄어든다. 도시락은 보자기에 싸이고, 시골 마을은 안개에 싸여 있다. 책상에는 먼지가 쌓여 있고, 담은 점점 높이 쌓여 간다. 두 동사의 차이를 알기에 맞춤한 예문들이다.

"비는 좍좍 내리쏟았다. 비안개에 싸여, 산도 하늘도 보이지 않았다."(정비석, 「성황당」)

"밋밋하게 치솟은 겨울나무에, 둥그스름한 지붕 위에 눈은 쌓이고 내린다."(박경리, 「시장과 전장」)

안치다
앉히다

　발음이 같아서인지 '안치다'를 써야 하는데 '앉히다'로 쓰는 경우가 종종 있다. '앉히다'는 대부분 '앉다'의 사동사로 쓰이므로 '앉게 하다'라는 뜻이다. 밥이나 찌개는 앉힌다고 하면 안 된다. 밥이나 찌개는 앉게 하는 것이 아니라 안치는 것이다. '안치다'는 "밥, 떡, 찌개 따위를 만들기 위하여 그 재료를 솥이나 냄비 따위에 넣고 불 위에 올리다"라는 뜻이다.

"꽁보리 한 사발을 안치고 불을 지피면서 그는 분노를 느꼈다."(한승원, 「해일」)

"경험 있는 사람들이 그래도 낫지, 생판 농투성이나 막 일꾼들을 앉힐 거야?"(최일남, 「거룩한 응달」)

왠

웬

표준국어대사전에 '왠'이라는 글자가 들어가는 표제
어는 단 하나 실려 있는데 그것은 바로 부사 '왠지'다.
"왜 그런지 모르게. 또는 뚜렷한 이유도 없이"라는 뜻
으로, 쉽게 짐작할 수 있듯이 이는 '왜인지'의 준말이
다. '웬지'가 잘못된 표기인 이유다. '왜'는 '왜'라는 부
사로만 쓰인다(뜻은 "무슨 까닭으로. 또는 어째서"다). 그러므
로 "어찌 된 일"을 뜻하는 말은 '왠일'이 아니라 명사 '웬
일'이다('웬일'은 한 단어다). '웬'은 "어찌 된" "어떠한"이
라는 뜻의 관형사로 널리 쓰인다. 예컨대 '웬 떡' '웬 사
람' '웬 영문' 등등. '왠'과 '웬'은 통하는 구석이 전혀 없

지만 발음이 비슷해 헷갈릴 때가 많다.

"그때부터 왠지 탱천하던 노기가 서서히 가라앉는 느낌
이었다."(이문열, 「황제를 위하여」)

"오래전에 읽어 본 이런 글들이 새삼 어제 읽은 것처럼
되살아 오는 것은 웬일인가."(이호철, 「문」)

"웬 보행객 한 사람이 마주 오는 것을 조신은 보았다."
(이광수, 「꿈」)

이따가
있다가

'이따가' '이따'는 부사로 뜻은 "조금 지난 뒤에"다. '있다가'는 동사 '있다'의 어간 '있–'에 연결 어미 '–다가'가 붙은 것이다. 연결 어미 '–다가'는 "어떤 동작이나 상태 따위가 중단되고 다른 동작이나 상태로 바뀜을" 나타낸다. 사실 '이따가'의 어원도 '있다가'이지만 시간이 흐르면서 뜻이 변해 소리 나는 대로 '이따가'로 표기하게 되었다. '이따(가)'와 '있다(가)'는 쓰임이 전혀 다르다. '조금 이따가 갈게'와 '조금 있다가 갈게'는 의미상 어떻게 다를까? 전자는 시간이 조금 지난 뒤에 가겠다는 말이고, 후자는 (어딘가에) 조금 머물다가 가겠다는 말이다. 발음이 비슷하다 보니 '이따가'를 써야 할 때 '있다가'를 쓰는 경우가 흔하다.

"인석아, 동치미는 이따가 입가심할 때나 먹고 곰국 물을 먼저 떠먹어야지."(박완서, 「도시의 흉년」)

"그렇지 않아도 이따가 날이 어두워지면 선생님을 한번 찾아가 뵈려던 참이었는데요."(이청준, 「춤추는 사제」)

"모래에 올라오자 쓰러지듯 엎드려서 잠깐 있다가 모래투성이의 몸에 그냥 옷을 덧입었다."(강신재, 「파도」)

조리다
졸이다

두 말 모두 요리할 때 자주 쓰인다. 기본적으로 조리는 것은 배어들게 함이고, 졸이는 것은 줄어들게 함이다. 예컨대 갈치를 조리는 것은 양념이 갈치에 배어들도록 국물을 바짝 끓이는 것이다. 찌개를 졸이는 것은 물의 양이 많아 싱거울 때 조금 더 끓여 물의 양을 줄이는 것이다. "식물의 열매나 뿌리, 줄기 따위를 꿀이나 설탕물 따위에 넣고 계속 끓여서 단맛이 배어들게" 하는 것도 조리는 것이다. '조림'은 졸인 음식이 아니라 조린 음식이다. 졸이는 것은 음식뿐만이 아니다. 마음이나 가슴도 졸인다.

"춘추로 장이나 젓국을 졸이거나 두부와 청포묵을 쑬
때, 그리고 엿을 골 때만 한몫한 솥이던 것이다."

(이문구, 「관촌수필」)

"그동안에 세 여자는 뜰에 내려와 서서 조마조마 마음
을 졸이며 노려보고 섰다."(염상섭, 「취우」)

해지다
헤지다

  '해지다'와 '헤지다' 모두 준말이다. 본딧말은 '해어지다'와 '헤어지다'이다. 해어지는 것은 닳아서 못 쓰게 됨이다. 해어진 모자, 해어진 티셔츠, 해어진 운동화 등등. 헤어지는 것은 흩어지거나 갈라서거나 붙어 있는 것이 떨어짐이다. 예컨대 만났던 사람들이 헤어져 집으로 돌아가고, 사귀었던 연인이 헤어져 더는 만나지 않는다. "살갗이 터져 갈라지"는 것도 헤어지는 것인데, 요즘은 이러한 의미로는 거의 쓰이지 않는다.

"미끄럼 재미에 팔려 풍차바지 대신 엄마가 사 준 신식 내복 궁둥이가 해지는 줄도 몰랐다는 건 매 맞을 짓이라는 각오가 돼 있었다."

(박완서, 「그 많던 싱아는 누가 다 먹었을까」)

"소금 국물에다가 젓가락만 대면 와르르 헤지던 감옥의 콩밥을 맛있게 먹던 생각을 하였다."

(심훈, 「영원의 미소」)

의미가 전혀 다름에도 혼용되는 말

꼽다
꽂다

동사 '꽂다'의 뜻은 "쓰러지거나 빠지지 아니하게 박아 세우거나 끼우다"이다. 예컨대 꽃병에 꽃을 꽂고, 머리에 비녀를 꽂고, 책장에 책을 꽂는다. 언중의 일상에서 자연스레 혼용되는 듯하지만 '꼽다'는 '꽂다' 대신 쓸 수 없는 말이다. 꼽는 것은 "손가락을 하나씩 헤아리"거나 "골라서 지목하"는 일이다. "추석이 며칠 남았는지 손가락을 꼽아 보렴" "그 요리사는 신선로를 궁중 요리 중에서도 천하일품 요리로 꼽고 있다" 등과 같이 쓰인다.

"이제까지 최 주사가 사귀어 온 사람들 중에서 누구보다도 윤수경이가 첫손 꼽을 친구이었던 것 같다."

(박태원, 「낙조」)

"환자의 겨드랑 밑을 찾아서 체온기를 꽂아 둔다."

(현진건, 「적도」)

난방
남방

'남방南方'은 여름에 양복 윗도리 대신 입는 얇은 옷이다. '남방샤쓰' '남방셔츠'라고도 부른다. 여름철 옷이라 보통은 소매가 짧다. 발음이 비슷해서 그럴 텐데 '남방'을 '난방'이라 말하고 적는 경우를 심심찮게 본다. '난방'을 하는 계절에는 어지간해서는 '남방' 입을 일이 없다.

"신문사의 난방이 어떻게나 잘되어 있는지 남자들은 와이셔츠 바람으로도 땀을 흘릴 지경인데요 뭐."

(이병주, 「행복어 사전」)

"박 주사는 돛배 무늬가 잔뜩 그려진 남방 단추를 끌러 젖히고는 목덜미와 가슴통을 타고 내리는 비지땀을 훔쳐 내며 (⋯)" (김춘복, 「쌈짓골」)

"남방셔츠에 흰 바지를 입고 머리에는 차양이 넓은 버마식 정글모를 쓴 뚱뚱한 남자가 나왔다."

(황석영, 「무기의 그늘」)

담그다
담다

    배추김치, 열무김치 혹은 된장, 간장, 고추장 혹은 매실주, 인삼주 혹은 새우젓, 명란젓, 오징어젓 등은 '담그는' 것일까, '담는' 것일까? 흔히 입말로 김치나 장이나 젓갈을 '담았다'고 하지만 이는 잘못이고 '담갔다'라고 해야 옳다. 담는 것은 물건을 그릇 따위에 넣고, 마음이나 생각 등을 그림, 글, 말, 표정 등에 포함하거나 반영하는 일이다. 예컨대 '감사를 담은 선물' 등으로 쓸 수 있겠다. 담그는 것은 액체에 넣기, 그리고 김치, 술, 장, 젓갈 따위를 만들기 위해 그 재료를 버무리거나 물을 부어 그릇에 담고 익히거나 삭히는 일이다. ('담그다'

58

는 '담가' '담갔다' 등으로 활용한다. '담궈' '담궜다' 등은 잘못이다.)

"재작년에 담갔다는 머루주를 곁들여 우리들은 이런
저런 담소를 즐기며 식사를 했다."(김원일, 「노을」)

"그리고 생일날은 미역국을 맛깔스럽게 끓이고 내 바리
에다 흰밥을 제일 먼저 소복이 퍼 담았다."

(박완서, 「도시의 흉년」)

당기다
댕기다
땅기다

'당기다'와 '댕기다'는 엄연히 다른 말이다. '댕기다'는 불과 밀접한 관련이 있는 말로, 뜻은 "불이 옮아 붙다. 또는 그렇게 하다" 하나뿐이다. "바싹 마른 나무가 불이 잘 댕긴다" "담배에 불을 댕기다" 등과 같이 쓰인다. 불은 '당기는' 것이 아니고 '댕기는' 것임을 기억해 두면 헷갈리지 않는다. 그러면 '당기다'는 어떤 때 쓰는 말일까? 이를테면 마음이나 입맛 등이 바로 '당기는' 것이다. "방아쇠를 당기다" "날짜나 기간을 당기다" 등에서와 같이 타동사로 쓰이기도 한다. '당기다'를 '땅기다'로 쓰는 경우도 많은데 '땅기다'는 "몹시 단단하고 팽팽

하게 되다"라는 의미로 '당기다'와 상관없는 말이다. "얼굴이 땅기다" "한참을 웃었더니 수술한 자리가 땅겼다" 등과 같이 쓰인다.

"나는 식욕이 별로 당기지 않아 저녁밥을 사양했다."
(김원일, 「노을」)

"그는 석유를 뿌린 솜방망이에 불을 댕겼다."
(최인호, 「지구인」)

"대불이는 손으로 옆구리를 짚고 일어섰다. 창자가 땅기면서 숨이 막혔다." (문순태, 「타오르는 강」)

돋구다
돋우다

우리말 '돋구다'에는 단 하나의 뜻밖에 없다. "안경의 도수 따위를 더 높게 하다." 이를 제외하면 나머지는 모두 '돋구는' 게 아니라 '돋우는' 것이다. 이를테면 호롱불의 심지를 돋우고, 벽돌을 돋우며, 화를 돋우고, 입맛을 돋우며, 가래를 돋우기도 한다. 언중이 일상에서 자주 '돋우다'를 버리고 '돋구다'를 취하는 것은 아마도 후자가 발음하기 더 쉬워서일 것이다.

"노인네들의 그 노래도 한탄도 아닌 흥얼거림처럼, 혹은 그 느릿느릿 젖어 드는 필생의 슬픔처럼 취흥을 돋울 만한 소리는 아니었다."(이청준, 「이어도」)

"밀기울, 늙은 호박, 팥을 섞어 만든 풀떼기의 구수한 냄새는 똥예의 식욕을 돋우고 있다."(방영웅, 「분례기」)

두껍다
두텁다

　'두껍다'와 '두텁다'는 통용되지 않는다. 두께가 크다고 말하려면 '두텁다'가 아니라 '두껍다'라고 해야 한다. 두터운 이불, 두터운 책, 두터운 입술 등은 모두 잘못이다. '두껍다'가 사물의 큰 두께만을 뜻하는 것은 아니다. 어떤 집단의 규모가 클 때도 두껍다고 하고("지지층이 두껍다."), 어둠, 안개, 그늘 따위가 짙을 때도 두껍다고 한다. 그러나 '두텁다'는 하나의 의미, 즉 "신의, 믿음, 관계, 인정 따위가 굳고 깊다"라는 뜻으로만 쓰인다. 따라서 둘은 어떤 의미로든 서로 바꿔 쓸 수 없다. 예문에서 각기 정확하게 사용되었다.

"어둠이 대지 위에 두껍게 깔려 있었다."

(박영한, 「머나먼 쏭바강」)

"본읍 구실 사는 젊은 주사나 아전들이 그와 친분이 두
터워 우리가 도움을 많이 받습니다."

(현기영, 「변방에 우짖는 새」)

들르다
들리다

'들르다'를 써야 할 때 '들리다'를 쓰는 일이 참 많다. 그 반대의 경우는 거의 없는 듯하다. 어쩌면 '들르다'라는 말의 존재 자체를 몰라서 생기는 오류가 아닌가 싶기도 하다. "지나는 길에 잠깐 들어가 머무르다"가 '들르다'의 의미고, '들리다'는 '듣다'의 피동사로 그 뜻은 "사람이나 동물의 감각 기관을 통해 소리가 알아차려지다"이다. 이와 같이 둘은 아무 관계가 없는 말이다. '들르다'는 '들르고' '들르니' '들러서'와 같이 활용하고, '들리다'는 '들리고' '들리니' '들려서'와 같이 활용한다.

"나는 석탑 서점을 들러 오후 세 시에 바닷가로 나왔었다."(김원일, 「도요새에 관한 명상」)

"멀리서 닭의 홰치는 소리가 들려온다. 새벽인 것 같다."(박경리, 「토지」)

맞추다
맞히다

  '맞히다'라고 해야 할 때 '맞추다'라고 하는 경우가 많다. 표기가 비슷한 데다 발음하기 더 쉬워서일까? '맞추다'와 '맞히다'는 의미상 서로 통하는 구석이 전혀 없다. '맞추다'와 '맞히다'를 헷갈리는 두 가지 대표적인 예. 정답은 '맞추는' 것일까, '맞히는' 것일까? 동사 '맞다'에는 "문제에 대한 답이 틀리지 아니하다"라는 뜻이 있다. '네 답이 맞다'와 같이 쓴다('맞다'는 2024년에 형용사로도 인정되어 예컨대 '답이 맞는다'와 '답이 맞다' 둘 다 맞(는)다). '맞다'의 사동형은 '맞추다'가 아니라 '맞히다'이다. 정답은 '맞추는' 것이 아니라 '맞히는' 것이다("둘 이상의 일

68

정한 대상들을 나란히 놓고 비교하여 살피다"라는 의미로는 답을 '맞춰' 보다라고 쓸 수 있다). '알아맞추다' 또한 '알아맞히다'의 잘못이다. 또 다른 예. 화살은 과녁에 '맞추는' 것인가, '맞히는' 것인가? '맞다'에는 "쏘거나 던지거나 한 물체가 어떤 물체에 닿다. 또는 그런 물체에 닿음을 입다"라는 뜻이 있다. 이 경우에도 '맞다'의 사동형은 '맞추다'가 아니라 '맞히다'이다. '맞추다'의 쓰임은 예문을 통해 확인해 보자.

"청년은 수줍은 듯이 일어서더니 노인 곁으로 와서, 주름진 뺨에 입을 맞췄다."(최인훈, 「구운몽」)

"아버지 성의는 고맙습니다만, 양복 맞춰 줄 돈이 있다면 현찰로 주십시오."(김원일, 「불의 제전」)

"차 안의 라디오에서 음악 소리가 흘러나오고 그 음악에 맞춰 발장단을 맞추고 있는 모양이었다."(최인호, 「지구인」)

목울대
목젓

'목울대'를 '목젓'이라고 부르는 경우가 많다. '목울 대'와 '목젓'은 같은 말이 아니다. '목울대'는 "울대뼈나 목청"을 이른다. 울대뼈는 "성년 남자의 목의 정면 중 앙에 방패 연골의 양쪽 판이 만나 솟아난 부분"이고, 목 청은 "후두喉頭의 중앙부에 있는 소리를 내는 기관"으로 턱과 목이 만나는 곳, 손으로 만져지는 딱딱한 부분이 다. 여성의 경우는 두드러져 보이지 않으며 그래서인지 영어로 'Adam's apple'이라고 부른다. 목젓은 "목구 멍의 안쪽 뒤 끝에 위에서부터 아래로 내민 둥그스름한 살"로 입을 크게 벌리면 보인다. 감기에 걸리거나 피곤

하면 붓기도 한다.

"울음이 목울대까지 차올랐지만 그러나 나는 울지 않았다."(이동하, 「장난감 도시」)

"낙안댁은 목젖이 아프도록 울음을 삼키며 시야가 흐려지는 눈을 한사코 위로 떴다."(조정래, 「태백산맥」)

바라다
바래다

　'바라다'와 '바래다' 둘 다 동사지만 뜻은 전혀 다르다. '바라다'의 뜻은 세 가지다. 첫째, "생각이나 바람대로 어떤 일이나 상태가 이루어지거나 그렇게 되었으면 하고 생각하다". 둘째, "원하는 사물을 얻거나 가졌으면 하고 생각하다". 셋째, "어떤 것을 향하여 보다". 한편 '바래다'의 뜻은 두 가지다. 첫째, "볕이나 습기를 받아 색이 변하다". 둘째, "볕에 쬐거나 약물을 써서 빛깔을 희게 하다". (한편 '바래다'에는 "가는 사람을 일정한 곳까지 배웅하거나 바라보다"라는 뜻도 있다.) 두 단어를 명사형으로 바꾸면 '바라다'는 '바람', '바래다'는 '바램'이 된다. '바

라다'의 어간 '바라 - ' 뒤에 모음 ' ㅏ '가 붙으면 '바라
아'가 되어 '바래'가 아니라 '바라'로 활용한다. 동사 '가
다'의 어간 '가 - '에 모음 ' ㅏ '가 붙으면 '가아'가 되는데
이것을 준 대로 적으면 '가'가 되는 것과 같다. 대체로 '바
람'은 희망하는 일이요, '바램'은 색이 변하는 것이다.

"서른 가까운 나이에 초산이라 그 산고가 길고도 차마
눈 뜨고 볼 수 없을 만큼 극심해서 자식을 바란 것을 다
후회할 지경이었다."(박완서, 「미망」)

"이층 방의 색 바랜 오렌지색 커튼과 덧창문은 닫혀 있
었다."(이호철, 「적막강산」)

"감사역을 비롯한 사람들이 따라 나와서 그들을 바래
고 있다."(최인훈, 「구운몽」)

박이다
박히다

"버릇, 생각, 태도 따위가 깊이" 배는 것, "손바닥, 발바닥 따위에 굳은살이" 생기는 것이 '박이는' 것이다. "선생티가 박인 삼촌은 언제나 훈계조로 말한다" "마디마디 못이 박인 어머니의 손" 등과 같이 쓰인다. '박히다'는 아주 많은 뜻을 가진 '박다'의 피동사로서 위의 두 가지 뜻만 갖는 '박이다'와 아무 관계가 없는 말이다. '박이다'를 써야 할 때 '박히다'를 쓰는 경우가 많은 것은 언중이 발음의 편리를 선호하기 때문이 아닐까 싶다. 한편 '박이다'를 '배기다'로 쓰는 경우도 적지 않다. '배기다'의 뜻 중 하나는 "바닥에 닿는 몸의 부분에 단단한 것

이 받치는 힘을 느끼게 되다"이다. "방바닥에 종일 누워
있었더니 등이 배긴다"와 같이 쓰인다.

"나는 큰 빗과 작은 빗, 면도칼 따위를 잽싸게 바꿔 들며
움직이는 이발사의 굳은살 박인 손을 바라보았다."

(오정희, 「유년의 뜰」)

"종술은 제 말만 일방적으로 앞세우느라고 상대방의
판에 박힌 인사치레에 그만 동문서답을 해 버렸다."

(윤흥길, 「완장」)

벌리다
벌이다

   '벌리다'에는 다음과 같은 의미가 있다. "둘 사이를 넓히거나 멀게 하다." "껍질 따위를 열어 젖혀서 속의 것을 드러내다." "우므러진 것을 펴지거나 열리게 하다." '벌이다'는 다음과 같은 뜻으로 쓰인다. "일을 계획하여 시작하거나 펼쳐 놓다." "놀이판이나 노름판 따위를 차려 놓다." "여러 가지 물건을 늘어놓다." "가게를 차리다." "전쟁이나 말다툼 따위를 하다." 이와 같이 서로 뜻이 통하는 부분이 전혀 없음에도 '벌리다'와 '벌이다'는 아무렇게나 섞여서 사용될 때가 많다. 그리고 '벌이다'를 써야 할 때 '벌리다'를 쓰는 일이 그 반대의 경우보다 많은 듯하다. 예컨대 '일 벌리지 마'와 같은 문장을 보자. 일은 무슨 수를 써도 '벌릴' 수는 없는 대상이다.

"그 무렵 황제는 부근의 장터거리를 돌며 술판을 벌이고 있었다."(이문열, 「황제를 위하여」)

"엄마와 지게꾼은 지게 삯을 놓고 한동안 실랑이를 벌였다."(박완서, 「엄마의 말뚝」)

붇다
불다
붓다

　'붇다' '불다' '붓다'는 기본형에서 짐작할 수 있듯이 의미상 서로 통하는 구석이 없는 동사들이다. 다만 활용을 하는 경우 어간의 받침 변화 때문에 사용 시 자주 헷갈리는 것이 사실이다. ㄷ 불규칙 용언인 '붇다'는 어간의 'ㄷ'이 모음을 만나면 'ㄹ'로 변한다. "북어포가 물에 불어 부드러워지다" "오래되어 불은 국수는 맛이 없다" 등이 그 예다(이 같은 활용 때문에 '붇다'를 '불다'로 잘못 쓰는 일이 많은 듯하다). 하지만 어간 '붇ー' 뒤에 자음이 오는 경우에는 어간의 형태가 그대로 유지된다. "재산이 붇는 재미에 힘든 줄을 모른다" '어서 와서 먹어라. 라면

다 붙겠다' 등이 그 예다. '재산이 부는'이라면 다 붙겠다'라고 쓰면 잘못이다. '붇다'는 '불어나다'로 바꿔 써도 의미가 통할 때가 많다. '붇다'와 '붙다'가 헷갈릴 때는 '불어나다'를 넣어 보면 도움이 된다. 한편 "살가죽이나 어떤 기관이 부풀어 오르다" "액체나 가루 따위를 다른 곳에 담다" "모종을 내기 위하여 씨앗을 많이 뿌리다" 등의 뜻을 가진 '붓다'에는 "불입금, 이자, 곗돈 따위를 일정한 기간마다 내다"라는 의미도 있다. "은행에 적금을 붓다"와 같이 쓰이는데 이때 '붇다'로 잘못 쓰는 경우가 많다. '적금을 열심히 부으면 재산이 붇는다'와 같이 쓰면 되겠다('붓다'는 ㅅ 불규칙 용언으로 어간의 'ㅅ'이 모음과 만나면 탈락하여 '부으면'의 형태로 활용한다).

"부잣집 마나님같이 몸이 불은 임이네는 눈을 부릅뜨고 용이 얼굴을 똑바로 쳐다보며 거침없이 말을 쏟아 놓았다."(박경리, 「토지」)

"우리 일행은 선달바우산 자락과 물이 붇기 시작하는

수로를 양쪽에 끼고, 소낙비에 겉옷이 쫄딱 젖은 채 그대로 내처 걸어갔다."(김원일, 「노을」)

"벌그레 부어오른 두 눈을 무겁게 내리감을 따름, 할아버지 역시 아무런 대꾸가 없다."(하근찬, 「나룻배 이야기」)

빌다
빌리다

'빌다'와 '빌리다'는 아예 다른 말이다. '빌다'에 담긴 뜻은 간청, 호소, 바람 등이다. 남의 돈이나 도움, 말, 손 등은 '비는' 게 아니라 '빌리는' 것이다. 흔히 접하는 '이 자리를 빌어'라는 표현은 잘못이다. 자리는 '빌지' 않고 '빌린다'. 두 말의 쓰임을 이렇게 기억할 수 있겠다. '이 자리를 빌려 용서를 빕니다.'

"강쇠의 표현을 빌리자면 씨가 안 먹는 말이라는 것이다."(박경리, 「토지」)

썩이다
썩히다

   '썩이다'와 '썩히다'는 둘 다 '썩다'의 사동사로서 '썩 게 하다'와 같다. 다만 뜻은 전혀 다른데 동사 '썩다'의 의미가 다양하기 때문이다. '썩다'에는 "걱정이나 근심 따위로 마음이 몹시 괴로운 상태가 되다"라는 뜻이 있다. 이러한 의미로 쓰일 때 '썩다'의 사동사는 '썩이다' 가 된다(발음은 [써기다]). 이 경우를 제외하고 '썩다'의 사 동사는 모두 '썩히다'이다(발음은 [써키다]).

"잘 먹이지도 못하는 데다가 심화로 혼자 꽁꽁 속을 썩이면서 배슬배슬하는 것이 가엾고 보기에 딱하지만 모른 척하는 수밖에 없었다."(염상섭, 「택일하던 날」)

"질이 좋은 칡을 한여름에 베어서 썩히면 껍질이 흐물흐물 벗겨졌다."(한수산, 「부초」)

"아까운 청춘을 철창 앞에서 썩히게 한 연놈이 원수가 아니고 뭐예요."(현진건, 「적도」)

오로지
오롯이

'오로지'와 '오롯이'는 둘 다 부사로서 생김새는 비슷해 보이지만 서로 뜻이 통하는 구석이 없고 발음 또한 다르다([오로지]/[오로시]). 각각의 비슷한 말을 살펴보면 의미 차이를 명확히 아는 데 도움이 된다. '오로지'는 "오직 한 곬으로"라는 의미로('곬'은 "한쪽으로 트여 나가는 방향이나 길"이다) '다만' '단지' '오직'과 뜻이 통하고, '오롯이'는 "모자람이 없이 온전하게"라는 뜻으로 '고스란히' '온전히'와 무리 없이 바꿔 쓸 수 있는 말이다.

"어쩌면 오로지 그 교복 자체가 지난 수년 동안 코피를 쏟아 가며 수험 공부를 해 온 유일한 목적이었다."

(김승옥, 「그와 나」)

"그가 없어지고 얼음벽에 그의 무늬가 오롯이 남았다."(장용학, 「비인 탄생」)

웃옷

윗옷

'웃-'과 '윗-' 모두 '위'라는 의미를 가지는 말이나 '웃옷'과 '윗옷'은 가리키는 바가 다르다. '웃옷'은 맨 겉에 입는 옷이고, '윗옷'은 말 그대로 위에 입는 옷이다. 그런고로 '웃옷'은 외투와, '윗옷'은 상의와 바꾸어 쓸 수 있다. 흔히 쓰는 입말인 '웃도리'도 '윗도리'의 잘못이라는 것을 알 수 있다. 하지만 우리말에 '웃어른'은 있어도 '윗어른'은 없다. '아래어른'이라는 말이 없으니 당연한 이치다(표준어 규정 제1부 제2장 제2절 제12항에 따르면 "'아래, 위' 대립이 없는 단어는 '웃-'으로 발음되는 형태를 표준어로 삼는다").

"설백색 웃옷 입은 미려한 천사에게 좌우편을 붙들리어 구름 사이로 올라가는 광경이 보이는 듯하였다."

(전영택, 「생명의 봄」)

젖히다
제치다
제끼다

  '젖히다'에는 세 가지 뜻밖에 없다. 먼저 동사 '젖다'
의 사동사로 "뒤로 기울게 하다"("의자를 뒤로 젖히다"). 둘
째, "안쪽이 겉으로 나오게 하다"("이불을 젖히고 일어나
다"). 셋째는 보조 동사로 "앞말이 뜻하는 행동을 막힌
데 없이 해치움을 나타내는 말"("그는 크게 한 번 웃어 젖혔
다")이다. 이 외에는 모두 '젖히다'가 아니라 '제치다'로
써야 맞다. "상대 선수들을 제치고"(거치적거리지 않게 하
다), "나를 제쳐 두고 너희들끼리"(빼다), "선두를 유지
하던 대기업을 제쳤다"(우위에 서다), "제집 일을 제쳐 두
고 남의 집 일에"(미루다) 등과 같이 쓰인다. 한편 입말

로 자주 쓰이는 '제끼다'는 '젖히다' 혹은 '제치다'의 비
표준어다.

"그는 화로 곁에서 일어서더니, 두루마기 자락을 뒤로
젖히고 저고리 섶을 위로 치들고 손을 넣어 무엇을 꺼
내는 시늉을 하였다."(김동리, 「화랑의 후예」)

"남에게의 인사체면도 좋지만 웬만하면 열일 제쳐 놓
고 단둘이 있고 싶었다."(유주현, 「하오의 연가」)

처지다
쳐지다

'처지는' 것과 '쳐지는' 것은 사뭇 다르다. 동사 '처지다'는 다음과 같은 의미로 자주 쓰인다. 물건이 위에서 아래로 늘어지다(빨랫줄이 처지다), 감정 혹은 기분 따위가 가라앉다(기분이 처지다), 뒤에 남게 되거나 뒤로 떨어지다(대열에서 처지다), 다른 것보다 못하다(친구보다 처지다). 이러한 의미로 '처지다'를 써야 할 때 많은 사람들이 '쳐지다'를 쓴다. '쳐지다'는 동사 '치다'의 어간 '치 –'에 보조 동사 '지다'가 붙어(보통 ' – 어지다'의 구성으로 쓰인다) 피동의 의미를 갖게 된 말이다. 이를테면 몸서리나 진저리는 '처지는' 것이 아니라 '쳐지는(치어지는)' 것이고,

울타리나 철망 따위도 '처지지' 않고 '쳐진다(치어진다)'.

"눈초리가 쳐져서 보기만 해도 간교가 더덕더덕한 인
물이었다."(유진오, 「오월의 구직자」)

"처마 끝에는 여기저기 거미줄이 쳐져 있었다."

(김용성, 「도둑 일기」)

켜다
키다

동사 '켜다'를 써야 할 때 '키다'를 쓰는 경우가 많다. 대개 '켜다'가 활용할 때 어간 '켜-'를 '키-'로 잘못 쓴다. 우리는 성냥을 '키지' 않고 켜고, 바이올린을 '키지' 않고 켜며, 기지개 또한 '키지' 않고 켠다. '키다'에는 한 가지 뜻밖에 없다. "갈증이 나서 물을 자꾸 마시게 되다." '키다'는 '켜이다'의 준말이다. 그리고 '켜이다'는 "갈증이 나서 물을 자꾸 마시다"라는 뜻을 가진 '켜다'의 피동사다. "짠 것을 먹었더니 물이 자꾸 켜인다"와 같이 쓰인다. 여기서 '켜인다'는 '킨다'로 줄여 쓸 수 있다.

""왜 물이 이리 켜일까." 하고 차 따르는 여순의 손을 뻔히 내려다본다."(한설야, 「황혼」)

"땅에 내려와 그걸 포식한 콘도르는 짠 걸 먹어서 한없이 물을 켠다."(윤후명, 「별보다 멀리」)

"노파의 머리맡께에서 잠들어 있던 고양이가 게으르게 기지개를 켜며 다가올 듯 귀를 쫑긋거리다가 다시금 누워 버린다."(오정희, 「미명」)

3.

비슷한 듯하지만
구별해서 써야 하는 말

가능한
가능한 한

'가능한'과 '가능한 한'은 정확히 구별해서 써야 한다. '가능한'은 형용사 '가능하다'의 관형사형이다. 따라서 뒤에 꾸밈을 받는 명사나 의존 명사가 온다. '가능한 방법' '가능한 이야기' 등이 그 예다. 한편 '가능한 한'에서 '한限'은 조건의 뜻을 갖는다. 즉 '가능한 한'은 '할 수 있는 한'이라는 의미다. 각각의 말에 해당하는 영어를 보면 둘의 차이를 이해하기 쉽다. '가능한'은 단어 'possible', '가능한 한'은 구문 'as far as possible'과 대응한다. '가능한 한'은 한자어 '가급적可及的', 순우리말 '되도록' 혹은 '되는대로'와도 무난하게 뜻이 통한다.

"다방엘 가거들랑 가능한 한 카운터 가까이에 앉아야
한다는 것이 정 차장의 지론이었다."

(이병주, 「행복어 사전」)

간여
관여

'간여干與'와 '관여關與' 모두 어떤 일에 참여함을 가리키는 말이나 '간여'는 '간섭하다', '관여'는 '관계하다'의 의미가 강하다. 간섭은 "직접 관계가 없는 남의 일에 부당하게 참견"하는 것이고, 관계는 "어떤 일에 참견을 하거나 주의를 기울"이는 것이다. 그러므로 뉘앙스로는 '관여'보다 '간여'가 약간 더 부정적이다. 분명히 끼어들 명분이 없는 일에 끼어드는 것은 '간여', 그 외에는 '관여'로 보면 무리가 없겠다. 하지만 언중의 일상에서는 두 말의 뜻을 명확히 구분하여 사용하는 일이 거의 없어 보이고, '간여'보다 '관여'가 압도적으로 더 많이 쓰이는 듯하다.

"군인들이 민간인 일에는 간여를 못 하게 돼서 헌병들
도 다 물러가지 않았습니까?"(송기숙, 「암태도」)

"내정에 깊숙이 관여하게 되고, 그게 이 나라를 지배한
외세의 시작이었습니다."(이원규, 「훈장과 굴레」)

갱신

경신

'갱신'과 '경신'은 한자어로 둘 다 '更新'이다. '更'은 '갱'으로 읽을 때는 '다시', '경'으로 읽을 때는 '고치다'의 뜻이 있다. 기본적인 의미는 "이미 있던 것을 고쳐 새롭게 함"이다. '자기 갱신' '환경 갱신' '종묘 개량 경신' '단체 협상 경신' 등처럼 사용할 수 있다. 헷갈리면 곤란한 것은 이 외의 의미로 쓰이는 경우다. "법률관계의 존속 기간이 끝났을 때 그 기간을 연장하는 일"의 뜻으로는 반드시 '갱신'을 쓰고(비자 갱신, 면허 갱신, 계약 갱신), "기록경기 따위에서, 종전의 기록을 깨뜨림" "어떤 분야의 종전 최고치나 최저치를 깨뜨림"의 의미로는 반드시 '경신'을 써야 한다(마라톤 세계 기록 경신, 주가 연중 최고치 경신).

"계약 기간을 삼 년에서 일 년으로 고친다는 것은 (…) 소작권마저 한 해마다 마음대로 빼앗거나 소작 조약을 갱신하겠다는 악랄한 조치였다."(김원일, 「불의 제전」)

공포

공표

   '공포公布'와 '공표公表' 모두 널리 알리는 일이다. 사전
적 정의를 보면 '공포'는 "일반 대중에게 널리 알림",
'공표'는 "여러 사람에게 널리 드러내어 알림"으로 되
어 있다. 그런데 '공표'에는 없고 '공포'에만 있는 뜻이
있으니 "이미 확정된 법률, 조약, 명령 따위를 일반 국
민에게 널리 알리는 일"이 바로 그것이다. 즉 '공포'는
정부가 국민에게 알리는 일("관보官報 따위의 정부의 정기 간행
물에 게재하여"), '공표'는 개인(들)이 개인들에게 공개적
으로 알리는 일이라고 보면 무리가 없겠다. 당연히 '공
표'와 달리 '공포'는 법적 효력을 갖는다. 예문에 '공포'

와 '공포'가 각각 적확하게 쓰였다.

"김치삼은 1948년 7월 17일에 제정 공포된 구헌법에
무척이나 흥미를 느꼈었다."

(박태순, 「어느 사학도의 젊은 시절」)

"십일월에는 미국의 대통령 선거가 있을 예정이었고
존슨은 재출마하지 않겠다고 공표했다."

(황석영, 「무기의 그늘」)

그슬다
그을다

'그슬다'는 목적어를 필요로 하는 타동사이고, '그을다'는 목적어가 필요 없는 자동사다. 그스는 것은 "불에 겉만 약간 타게" 함이고, 그으는 것은 "햇볕이나 불, 연기 따위를 오래 쐬어 검게" 됨이다. 즉 '그슬다'는 무언가를 불에 태우는 것, '그을다'는 무언가가 불 따위에 검어지는 것이다. '그슬다'와 '그을다'는 모두 피동사와 사동사의 형태가 똑같다. '그슬다'의 피동사 겸 사동사는 '그슬리다'이고, '그을다'의 피동사 겸 사동사는 '그을리다'이다. 용례를 잘 살펴보자.

"계숙은 불에 그슬린 수영의 눈썹을 가만히 쓰다듬었다."('그슬다'가 피동형으로 사용된 경우)(심훈, 「영원의 미소」)

"서캐를 등잔불에 그슬리자 고기 냄새가 난다."

('그슬다'가 사동형으로 사용된 경우)(방영웅, 「분례기」)

"들판 곳곳에는 까맣게 그을린 농부들이 지하수를 퍼 올리느라고 한창 일손이 바빴다."

('그을다'가 피동형으로 사용된 경우)(김원일, 「노을」)

깃들다
깃들이다

깃드는 것들은 형체가 없고, 깃들이는 것들은 형체가 있다. 황혼이 깃들고, 어둠이 깃들고, 우수가 깃든다. 노여움이 깃들고, 추억이 깃들기도 한다. 모두 형체가 없어 만질 수 없다. 깃드는 것은 서리고, 어리고, 스민다. 한편 깃들이는 것은 어딘가에 사는 것, 자리 잡는 것이다. 새가 보금자리에 깃들이듯 사람이 집에 깃들이고, 절이 산속에 깃들인다.

"마을에 살며서 깃드는 달큼한 향기가 그리웠다."

(박목월, 「구름의 서정」)

"봉황은 나뭇가지를 가려서 깃들이고, 현자賢者는 주인
을 가려 섬기는 법이오."(이문열, 「황제를 위하여」)

깨우치다
깨치다

'깨우치다'에는 (남을) "깨달아 알게 하다"의 의미가 담겨 있고, '깨치다'에는 (스스로) "일의 이치 따위를 깨달아 알다"의 뜻이 들어 있다. 보통은 '깨치다'를 써야 하는 경우에 '깨우치다'를 쓰는 실수를 한다. 이를테면 한글은 깨우치기보다는 깨치는 것이다. 무지몽매는 깨우쳐야 할 바이지 깨칠 것은 아니다.

"전세가 어떻게 돌아가고 있는가를 자세히 설명하면서 인민군의 헛약속에 속고 있음을 깨우치려 애를 썼다."(윤흥길, 「장마」)

"학교에서 배운 것이라고는 국문을 깨치고 산수 셈이나 익힌 것 정도다."(황석영, 「어둠의 자식들」)

늘리다
늘이다

  늘리는 것은 크게 하거나 많게 함이고, 늘이는 것은 길게 함이라고 이해하면 덜 헷갈린다. '고무줄을 늘리다'와 '고무줄을 늘이다'는 어떻게 다를까? 고무줄의 수량을 증가시키면 '늘리는' 것, 고무줄의 길이를 연장하면 '늘이는' 것이다. 하지만 물리적 길이가 아니라 시간이나 기간 등을 길게 하는 경우에는 '늘이다'가 아니라 '늘리다'를 써야 한다. 예컨대 휴식 시간이나 휴가 일수는 늘이는 것이 아니라 늘리는 것이다. 예문에서 두 낱말의 차이를 명확히 알 수 있다.

"그는 불행에 다닥치기 전 시간을 얼마쯤이라도 늘리려고 버르적거렸다."(현진건, 「운수 좋은 날」)

"언제나 동구 앞 늙은 홰나무 꼭대기에 앉아서 긴 목을 늘여 하늘을 바라보곤 하였다."(김성동, 「잔월」)

밤새다
밤새우다

'밤새다'와 '밤새우다'는 의미를 살펴 정확히 구별해서 써야 한다. 한숨도 자지 않고 밤을 고스란히 보내고 아침을 맞았을 때 흔히 '밤샜다'라고 한다. 예컨대 '시험공부하느라 밤샜어'와 같이. 그런데 이러한 경우에는 '밤샜어'가 아니라 '밤새웠어'라고 해야 맞다. '밤새다'는 "밤이 지나 날이 밝아 오다"라는 뜻이기 때문이다. '새다'라는 말 자체가 "날이 밝아 오다"라는 뜻이다. '지새다'도 의미가 통한다. '밤새다'는 주로 '밤새도록'의 형태로 쓰인다. 잠을 자지 않고 밤을 보낼 때는 '새다'가 아니라 '새우다'라고 해야 맞다. '새우다' '밤새우

다 '지새우다' 모두 서로 뜻이 통한다. '밤새다'는 '밤
이 새다', '밤새우다'는 '밤을 새우다'라고 이해하면 차
이를 알기 쉽다.

"그들은 무 뿌리로 허기진 배를 채우고 밤새도록 걸
었기 때문에 지칠 대로 지쳐 있었다."(문순태, 「피아골」)

"그러고 보니 내게도 그분의 뜻에 대한 풀리지 않는 의
문으로 밤새우며 번민하던 젊은 날이 있었지."
(이문열, 「사람의 아들」)

보전
보존

'보전'과 '보존'은 비슷한 말이지만 약간의 의미 차이가 있다. 먼저 사전의 뜻풀이를 보면 '보전保全'은 "온전하게 보호하여 유지함"이다. 한자가 병기되지 않는 경우 '보전'의 '전' 자를 '전할 전傳' 자로 여기기 쉬우나 풀이에서도 알 수 있듯 '온전할 전全' 자를 쓴다. 그러므로 '보전'은 '온전하게'에 방점이 찍히는 말이라 할 수 있다. 한편 '보존保存'은 "잘 보호하고 간수하여 남김"이라는 뜻을 갖는다. '존存' 자의 의미로 미루어 보존의 방점은 '간수하여 남김'에 찍으면 무리가 없겠다. '보전'은 훼손하지 않는 것, '보존'은 유실하지 않는 것이라고 여겨도 될 듯하다.

"난세에 정승 노릇 하기란 그야말로 서툰 광대 줄타기
나 한가지여서 성명을 온전히 보전하기가 지극히 어려
웠다."(현기영, 「변방에 우짖는 새」)

"윗목엔 아내가 쓰던 세간이 고스란히 보존돼 있었
다."(박완서, 「미망」)

부문
부분

'부문部門'은 범위나 영역으로, '부분部分'은 조각이나 갈래로 이해하면 쉽다. 사전적인 뜻을 살펴보면 부문은 "일정한 기준에 따라 분류하거나 나누어 놓은 낱낱의 범위나 부분"이고("자연 과학은 여러 부문으로 나뉜다."), 부분은 "전체를 이루는 작은 범위. 또는 전체를 몇 개로 나눈 것의 하나"이다("이 글은 마지막 부분에 요지가 들어 있다."). '부문'이 모이면 '전반全般'이 되고, '부분'이 모이면 '전체'가 된다. '부문'을 써야 할 자리에 '부분'을 쓰는 일이 그 반대의 경우보다 흔한 것 같다. 아마도 두 말의 뜻이 비슷하다고 생각해 귀에 더 익숙한 쪽을 선택하기 때문인 듯하다.

"회의는 회순에 따라 각 부문의 일반 보고와 그에 대한
심의에 들어갔다."(이병률, 「지리산」)

"그는 어린애들의 눈을 끌 수 있도록 아름다운 무지개
색으로 부분 부분 채색했던 것이었다."

(최인호, 「모범 동화」)

부터
에서

조사 '부터'와 '에서'는 서로 바꿔 써도 상관없는 경우가 있지만 그것은 지극히 한정적이고, 의미의 스펙트럼은 '에서'가 훨씬 더 넓다. 사실 '부터'는 단 하나의 기능밖에 하지 못하는데 "어떤 일이나 상태 따위에 관련된 범위의 시작임을 나타내는" 일이 그것이다. 그리고 보통 "뒤에는 끝을 나타내는 '까지'가 와서 짝을 이룬다". '부터' 대신 '에서'를 써도 되는 경우가 바로 '에서'가 '부터'의 이러한 뜻으로 쓰일 때다. 이때 '에서'의 기능은 "앞말이 출발점임을 나타내는" 것이다. 이를테면 '두 시부터 네 시까지'는 '두 시에서 네 시까지'와 뜻이

통하고, '바흐부터 말러까지'는 '바흐에서 말러까지'와
역시 뜻이 통한다.

"특히 축구를 잘해서 중학교부터 대학교까지는 늘 선
수로 뽑혀 다녔다."(윤흥길, 「장마」)

"다빈치에서 마티스에 이르기까지 그들은 인체의 기초
를 그려 보고 손만은 따로 공부하고 있다."

(조풍연, 「청사수필」)

사달

사단

'사단이 나다'는 '사달이 나다'의 잘못이다. '사달'은 순우리말로 "사고나 탈"을 뜻한다. "일이 꺼림칙하게 되어 가더니만 결국 사달이 났다"와 같이 쓰인다. '사달'의 오식 혹은 오기인 '사단'은 아마도 '사단事端'일 텐데, 이 말의 의미는 "사건의 단서. 또는 일의 실마리"로 '사달'과는 아무 관련이 없다. '사달'이라는 말의 존재를 모르거나 '사단'의 뜻을 헤아려 보지 않으면 이렇게 잘못 사용하기 십상이다.

"이렇게 되기까지 그 사달을 일으킨 장본인은 김강보였다."(김원일, 「불의 제전」)

"지섭으로서는 문화제의 성격과 관련하여 행사의 주체나 종류 따위를 윤곽 지어 놓는 일과 그 사단을 구하는 작업이 우선 중요했다."(이청준, 「춤추는 사제」)

사체
시체

죽은 사람이나 동물 따위의 몸은 공히 '사체'라고 부를 수 있다. 그러나 '시체'는 죽은 사람의 몸만을 지칭한다. '시체'의 '시屍' 자는 주검이라는 뜻으로, 주검은 "죽은 사람의 몸을 이르는 말"이다. 죽은 동물의 몸을 가리켜 '시체'라고 해서는 안 되는 까닭이다. 그러나 사체의 '사死' 자는 인간의 죽음만을 뜻하지 않는다. 그러므로 인간과 동물 모두에게 써도 관계없는 말이다. 두 말이 헷갈릴 때는 '사체'를 선택하면 무리가 없을 것이다. (사망死亡은 사람에게만 쓰는 말이다. '죽다' 말고 동물의 '죽음'을 일컬을 만한 다른 우리말은 좀처럼 찾기 어렵다.)

"그들이 이곳에서 밖으로 나갈 때는, 빳빳하게 몸이 굳은 사체가 된 후의 일이다."(홍성원, 「육이오」)

"거적에 둘둘 말린 시체가 소 끄는 수레에 실려 나갔다."(황석영, 「장길산」)

신문
심문

'신문訊問'과 '심문審問'은 뜻이 사뭇 다르다. 한자의 뜻부터 그러한데 '신訊'은 묻는 것이고, '심審'은 살피는 것이다. 일반적인 의미로 신문은 "알고 있는 사실을 캐어 물음"이고, 심문은 "자세히 따져서 물음"이다. 둘 다 캐묻는 것이지만 '신문'은 이미 아는 것을 확인하려는 물음(사실 관계 조사), '심문'은 아직 불확실한 것을 알아내려는 물음에 가깝다. '신문'과 '심문'은 모두 자주 쓰이는 법률 용어이기도 하다. '신문'은 "법원이나 기타 국가기관이 어떤 사건에 관하여 증인, 당사자, 피고인 등에게 말로 물어 조사하는 일"이고, '심문'은 "법원이 당사자나 그 밖에 이해관계가 있는 사람에게 서면이나 구두로 개별적으로 진술할 기회를 주는 일"이다. 법률적 의미에서 '신문'은 경찰, 검찰, 법원이 모두 할 수 있지만, '심문'은 법원에서만, 즉 판사에 의해서만 이루어진다.

> "봉학이는 수문(守門)하는 관원으로 궐문 밖에서 대신 댁 계집 하인을 붙들고 희롱하였다고 신문을 받았다."
>
> (홍명희, 「임꺽정」)

> "새로이 들어온 정보를 토대로 전에 없던 것을 묻는 수도 있었지만, 심문의 내용은 대개 몇 번이고 반복된 것들이었다."(이문열, 「영웅시대」)

애끊다
애끓다

두 동사 다 표준어이지만 의미는 다소 다르다. '애끊다'의 핵심은 슬픔이고, '애끓다'의 핵심은 답답함 혹은 안타까움이다. 사전적 정의를 살펴보면 '애끊다'는 "몹시 슬퍼서 창자가 끊어질 듯하다"이고, '애끓다'는 "몹시 답답하거나 안타까워 속이 끓는 듯하다"이다. '애끊다'의 '애'는 창자의 옛말이다. '소혼단장消魂斷腸하다'("근심과 슬픔으로 넋이 빠지고 창자가 끊어지는 듯한 느낌이 들다.")라는 말에도 '애'를 뜻하는 한자 '腸'이 들어가 있다. 한편 '애끓다'는 '애타다'와 뜻이 거의 같다.

"각계각층이 보낸 만사 수백 장이 휘날리는 속에 안치
된 영구 앞에 애끊는 조사가 낭독되었다."
(안수길, 「북간도」)

"무당이 무가를 끝내자, 피리와 아쟁이 애끊는 듯한 시
나위 가락을 연주했다."(한승원, 「해일」)

외골수

외곬

'외곬으로'라고 써야 할 때 별생각 없이 '외골수로'라고 쓰는 일이 흔하다. 짐작건대 발음이 비슷해서 그럴 것이다([외골쓰로, 웨골쓰로]/[외골쑤로, 웨골쑤로]). '외곬'은 "단 한 곳으로만 트인 길" "단 하나의 방법이나 방향"을 뜻하는 말이고, '외골수'는 "한 가지 일만 파고드는 사람"이라는 뜻이다. 무언가를 '외곬'으로 고집하는 사람이 있다면 그가 바로 '외골수'다. 학자나 예술가 중에는 외골수가 많다.

"농촌 운동을 하는 사람이라도, 너무 외곬으로 고지 식하기만 하면, 교활한 놈의 꾀에 번번이 속아 떨어진 다."(심훈, 「상록수」)

운명
유명

　사람의 죽음을 일컬어 언중이 자주 쓰는 '운명을 달리하다'는 틀린 말이다. "사람의 목숨이 끊어짐"을 의미하는 말은 '운명殞命'으로 한자 '殞'에 '죽다'라는 뜻이 담겨 있다. 그래서 사람이 죽으면 '운명했다'고도 한다. '삶과 죽음이 운명에 달려 있다'라고 할 때의 운명은 '運命'으로, 이는 "인간을 포함한 모든 것을 지배하는 초인간적인 힘. 또는 그것에 의하여 이미 정하여져 있는 목숨이나 처지"라는 뜻이다. '운명을 달리하다'는 "'죽다'를 완곡하게 이르는 말"인 '유명을 달리하다'의 잘못이다. 유명幽明은 "저승과 이승을 아울러" 이르는바('幽'는

어둠이요, '明'은 밝음이다) 유명을 달리했다는 것은 이 세상
에서 저세상으로 건너갔다는 뜻이다.

"이웃 노인들에게 싸여, 희미한 석유 등잔 밑에서 별로
유언도 없이 운명하고 말았다."(이태준, 「농군」)

"유명을 달리하는 궁천지통을 당하여, 찢기고 무너지
는 설움으로 애곡도 겨운데 (…)"(최명희, 「혼불」)

일절
일체

　'일절'은 부사로만, '일체'는 명사 또는 부사로 쓰인다. 두 낱말의 한자는 '一切'로 같은데 '切' 자는 '절'로도, '체'로도 읽힌다. '일절'의 뜻은 "아주, 전혀, 절대로"다. 한편 명사 '일체'는 "모든 것" "'전부' 또는 '완전히'", 부사 '일체'는 "모든 것을 다"라는 뜻이다. '일절'은 부인, 금지, '일체'는 전부라고 이해하면 되겠다.

　"자기의 생장에 대해서는 일절 언급을 하지 않았는데 어느덧 그의 신상을 단골집들은 알고 있었다."

　(한무숙, 「어둠에 갇힌 불꽃들」)

"도현이와의 관계를 물으면 사실대로 말하되 도현의 집안 내막에 대해서는 일절 모른다고 잡아뗄 테니 그리 알라고 했다."(손창섭, 「낙서족」)

"신단 위엔 명도 거울을 위시한 신물 일체를 봉안해 두었던 것이다."(김동리, 「을화」)

적확하다
정확하다

'적확하다'를 '정확하다'의 오식이나 오기로 아는 우리말 사용자가 적지 않다. 두 단어는 뜻이 다소 다르다. '정확正確'은 "바르고 확실함"이고, '적확的確'은 "정확하게 맞아 조금도 틀리지 않음"이다. '정확한 표현'은 논리적인 결함이 없는 표현, '적확한 표현'은 어떤 상황에 더할 나위 없이 꼭 들어맞는 표현으로 보면 되겠다. 이를테면 정확한 시계는 있어도 적확한 시계는 없다. '정확하다'는 반대말(부정확하다)이 있지만 '적확하다'는 그렇지 않다.

"아무리 생각하여 보아도 자기의 혼자 추측으로는 적확한 이유를 알 수가 없었다."(한용운, 「흑풍」)

"양코배기 남자가 찻잔을 든 채 대불이를 쳐다보며 정확한 조선말로 말했다."(문순태, 「타오르는 강」)

주년
주기

'주년周年'과 '주기周忌'는 엄연히 다른 말이다. '주년'은 "일 년을 단위로 돌아오는 돌을 세는 단위"다. 2014년에 결혼한 부부에게 2024년은 결혼 10주년이 되는 해다. '주년'이라는 말 앞에는 결혼과 같이 해마다 기념하는 구체적인 일(광복, 창간, 탄생 등)이 명시되어야 한다. 한편 '주기'는 "사람이 죽은 뒤 그 날짜가 해마다 돌아오는 횟수를 나타내는 말"이다(한자 '忌'에는 '기일忌日'이라는 뜻이 있다). 말뜻에 이미 해마다 돌아오는 대상(사람이 죽은 날짜)이 포함되어 있어 '주년'과 달리 쓰임이 한정적이다. 예컨대 '아무개 100주년'은 모호하지만 '아무개 100주

기'는 명확하다. 반면 '아무개 서거 100주년'은 자연스
러우나 '아무개 서거 100주기'는 어색하다. 이렇게 정
리해 보자. 2024년은 세월호 참사 10주년이요, 세월호
참사 희생자 10주기다.

쥐다
쥐이다

(물건을) '쥐여 주다'라고 해야 할 때 '쥐어 주다'라고
하는 경우가 많다. '쥐이다'와 '쥐다'의 차이를 알면 헷
갈릴 일이 없다. '쥐다'가 어떤 물건을 잡는 행동이라면
'쥐이다'는 어떤 물건을 잡게 하는 행동이다. 즉 '쥐이
다'는 '쥐다'의 사동사다. "나는 그의 손에 쪽지를 쥐여
주었다" "그녀는 우는 아이에게 사탕을 쥐이고 달래 보
았다"와 같이 쓰인다. 한편 '쥐이다'는 '쥐다'의 피동사
로 쓰일 때도 많다. "정신을 차리고 보니 그의 손에 칼
이 쥐여 있었다"와 같은 문장이 그 예다. '쥐다'는 '쥐어'
로, '쥐이다'는 '쥐여'로 활용한다.

"지산이 방을 나서는데 일지가 무엇인가를 손에 쥐여 주었다. 여러 장의 지폐가 든 봉투였다."

(김성동, 「만다라」)

"정 첨지가 지팡이로 봉당 바닥을 두들기다가 지팡이가 부러지니 손에 쥐인 지팡이 동강으로 아들을 두들겼다."(홍명희, 「임꺽정」)

참가
참석
참여

    의미상 '참석'은 '참가'나 '참여'와 비교적 구별하기 쉽지만 '참가'와 '참여'는 정확히 분별하여 쓰기 어렵다. 먼저 '참석'의 뜻은 "모임이나 회의 따위의 자리에 참여함"이다. 쉽게 말하면 몸소 어떤 자리(席)에 나가(參) 있는(在) 것이다. '참가'나 '참여'와 달리 '참석'에는 참석하는 대상과 관계한다는 뜻이 없다. '참가'와 '참여'는 뜻풀이도 서로 비슷하다. '참가'는 "모임이나 단체 또는 일에 관계하여 들어감", '참여'는 "어떤 일에 끼어들어 관계함"이다. '참가'와 '참여'의 가장 큰 차이는 대체로 참가는 구체적인 대상에, 참여는 추상적인 대상에 관계한다는 것이다. 자주 쓰이는 말인 '사회 참여'나 '정치 참여' 혹은 '참여 문학'에서 '참여'를 '참가'로 바꾸면 뉘앙스가 다소 어색해지는 까닭은 '사회'나 '정치' 혹은 '문학'이 추상적인 말에 가깝기 때문이다. '참가'가 어울리는 대상은 실체나 실상이 있는 것, 이를테면 축제, 대회, 경연, 전쟁 등이다. '참가'는 물리적인 행위에, '참여'는 의식적인 행위에 가까운 경우가 많다는 것도 둘의 특징적인 차이이다. 예컨대 올림픽에는 '참가'가, 캠페인에는 '참여'가 어울리는 것이다. '참가'와 '참석'의 반대말은 공히 '불참'이다.

"병사들뿐만 아니라 장교들까지도 그의 훈련 참가를 달갑지 않게 여겼다."(김용성, 「리빠똥 장군」)

"더러는 불가피한 사정 때문에 회의 불참을 사전에 통지해 온 사람도 있었고, 더러는 그저 주의가 번거로워 일부러 참석을 사양해 온 사람도 있었다."

(이청준, 「춤추는 사제」)

141

"두만 아비만은 그 공론에 참여하지 않고 참빗 장수가
펴 놓은 꾸러미 속에서 참빗을 고르고 있었다."

(박경리, 「토지」)

참고

참조

　'참고參考'와 '참조參照'의 의미 차이를 아는 데에는 한 자의 뜻을 살피면 도움이 된다. 먼저 '考' 자에는 '생각 하다' '살펴보다'의 뜻이 있고, '照' 자에는 '견주어 보 다' '대조하다'라는 뜻이 있다. 이를 그대로 반영하듯 사전적으로 '참고'의 의미는 "살펴서 생각함" "살펴서 도움이 될 만한 재료로 삼음"이고, '참조'는 "참고로 비 교하고 대조하여 봄"이다. 이를테면 참고 문헌은 '살펴 서 도움이 될 만한 재료로 삼는' 문헌이고, 참조 문헌은 '참고하여 비교하고 대조하여 보는' 문헌인 것이다. 예 컨대 다음과 같이 쓸 수 있겠다. '김영희 교수의 논문에 실린 참고 문헌 중 「개화기 서울의 인구 분포」에 대해서는 박철수 박사의 저서 『19세기 서울 연구』를 참조하시오.'

"금광에 관한 얘길 좀 해 주시오. 나에게는 참고가 될 테니까요."(박경리, 「토지」)

"출판사에 근무하는 데에서 생기는 이점 중의 하나는 참고할 만한 책이 많다는 것에 있었다."

(박태순, 「어느 사학도의 젊은 시절」)

털다
떨다

옷에 달라붙은 먼지는 '터는' 것일까, '떠는' 것일까?
터는 것은 "달려 있는 것, 붙어 있는 것 따위가 떨어지
게 흔들거나 치거나" 하는 일이고, 떠는 것은 "달려 있
거나 붙어 있는 것을 쳐서 떼어" 내는 일이다. 옷에 달
라붙은 먼지를 '떨려면' 옷을 '털어야' 한다고 생각하면
되겠다. 책장, 창틀 등에 쌓인 먼지는 그러므로 '털' 수
는 없고 '떨' 수만 있다. '먼지털이'가 아니라 '먼지떨이'
가 표준어인 까닭이다.

"그녀는 머릿수건을 벗어 탁탁 털고 얼굴에 내솟는 땀을 닦았다."(오정희, 「적요」)

"그는 손가락으로 갓양태를 두어 번 튀겨서 먼지를 떨더니만, 그것을 감투 위로 가만히 눌러쓴다."
(이기영, 「봄」)

펴다

피다

'펴다'와 '피다'는 다음과 같은 차이가 있다. '펴다'와
'피다' 모두 동사지만 '펴다'는 목적어를 필요로 하고, '피
다'는 주어를 필요로 한다. 즉 '펴다'는 타동사, '피다'는
자동사다. 주먹은 펴는 것일까, 피는 것일까? 펴는 것
이다. 날개는 펴는 것일까, 피는 것일까? 펴는 것이다.
다음과 같은 예문이 있다. '살림살이가 조금 폈다.' 여
기에서 살림살이는 '편' 것일까, '핀' 것일까? 살림살이
가 주어이므로 '핀' 것이다. '얼굴이 폈다.' 여기에서 얼
굴은 '편' 것일까, '핀' 것일까? 얼굴이 주어이므로 '핀'
것이다.

"돌을 지고 가던 판술이가 등으로부터 땅에다 돌을 미끄러뜨리고서 허리를 폈다."(황석영, 「객지」)

"그 아이들은 우는 상을 하던 때 묻고 파리한 얼굴에 웃음의 꽃이 피면서 몇 번썩이나 절을 하고 춤을 추며 뛰어간다."(한용운, 「흑풍」)

햇볕
햇빛
햇살

"○○에 그을리다." "○○을 가리다." "창문으로 따사로운 봄 ○○이 비껴 들어왔다." ○○에는 순서대로 '햇볕' '햇빛' '햇살'이 들어가면 자연스럽다. '햇볕'은 "해가 내리쬐는 기운"이므로 오래 쬐면 살이 그을린다. '햇빛'은 "해의 빛"이어서 너무 밝거나 강하면 가리기도 한다. "해에서 나오는 빛의 줄기. 또는 그 기운"인 '햇살'은 따사로운 봄이면 창문으로 비스듬히 들어오기도 한다. 해의 기운이기도 한 '햇살'은 봄에는 따사롭지만 한여름에는 따갑거나 뜨겁기도 하다.

"유월의 햇볕이 따갑게 느껴질 때였는데 그는 두꺼운 겨울옷을 입고 있었다."(조세희, 「우주여행」)

"백양나무 잎사귀가 햇빛에 반짝반짝 나부껴 은가루를 뿌린 것 같다."(이효석, 「들」)

"소나무 가지 새로 해맑은 아침 햇살이 들이비치고 있었다."(황순원, 「카인의 후예」)

4.

___

옳은 말, 그른 말

가리어지다
가리워지다

　유재하의 노래 〈가리워진 길〉은 사실 〈가리어진 길〉 혹은 〈가려진 길〉이라고 해야 우리말 어법에 맞다. '가려지다'는 '가리어지다'의 준말이다. 동사 '가리다'에 보조 동사 '지다'가 '-어지다' 형태로 붙은 '가리어지다'는 피동의 뜻을 갖는다(비슷한 예로, 동사 '치르다'의 피동형은 '치러지다'인데 많은 사람들이 '치뤄지다'로 잘못 쓰고 있다). 보조 동사 '지다'는 '-아지다'나 '-어지다'의 형태로 형용사 뒤에도 붙을 수 있다. '하늘이 높아지다' '키가 커지다' 등의 문장에서 '-아지다' '-어지다'는 크고 높은 상태가 됨을 나타낸다. 그런데 ㅂ 불규칙 용언이 활용하는 경우에는 '지다'가 '-워지다'의 형태를 띤다. 예컨대 '그립다'는 '그리워지다', '평화롭다'는 '평화로워지다', '밉다'는 '미워지다' 등으로 활용한다.

"동네는 밤눈에도 전후좌우가 산에 가려진 산골이 분명했다."(최일남, 「서울 사람들」)

"친선 시합이 무려 수십 회나 치러져 나가는 동안 두 팀의 실력은 눈에 띄게 향상되어 나가고 있었다."
(이청준, 「당신들의 천국」)

-건대
-건데

  '생각하건데' '판단하건데'는 '생각하건대' '판단하건대'의 잘못이다. 우리말에 '–건데'라는 어미는 존재하지 않는다. 어미 '–건대'는 "뒤 절의 내용이 화자가 보거나 듣거나 바라거나 생각하는 따위의 내용임을 미리 밝히는" 역할을 한다. "내가 보건대 철수는 장차 크게 될 아이이다" "제발 바라건대 정신 좀 차려라" "듣건대 당국이 이 문제의 해결을 서두른다 하니 일단 안심이 된다" 등과 같이 쓰인다. 한편 '생각하건대'는 '생각건대', '판단하건대'는 '판단컨대'로 준다. '–하다' 형태의 동사는 줄어들 때 '하'가 아예 생략되는 경우가 있는가 하면,

'ㅏ'만 생략되고 'ㅎ'은 남아 다음 음절의 첫소리와 결합하는 경우도 있다. '하'가 통째로 생략되는 것은 '하다' 앞에 ㄱ, ㅂ, ㅅ 등 무성음 받침이 있을 때다. 그래서 '생각하다'는 '생각다'로 준다. 'ㅏ'만 생략되고 'ㅎ'은 남아 다음 음절의 첫소리와 결합하는 것은 '하다' 앞에 모음이나 ㄴ, ㅁ, ㅇ 등 유성음 받침이 있을 때다. 이에 따라 '판단하다'는 '판단타'로 준다.

"딴 교사들의 거동으로 미루어 짐작건대 그것을 사양해 봤댔자 우스꽝스러운 쇼로 비쳐질 건 뻔했다. 마치 조화 사절이라고 써 붙인 상갓집처럼."

(박완서, 「꿈을 찍는 사진사」)

"신은 어려서부터 바둑을 배워 그 묘리를 자못 깊이 깨달은 바 있으므로 원컨대 그 바둑으로 대왕을 곁에서 모시게 하여 주소서." (이청준, 「춤추는 사제」)

걸맞은

걸맞는

'걸맞다'는 형용사로 "두 편을 견주어 볼 때 서로 어울릴 만큼 비슷하다"라는 뜻이다. 형용사의 관형사형 어미는 'ㄴ'이고 동사의 관형사형 어미는 '는'이다. '걸맞다'는 형용사이므로 관형사형으로 쓰이면 '걸맞는'이 아니라 '걸맞은'이 된다. 많은 사람들이 '알맞은'을 '알맞는'으로 쓰는데 '알맞다'도 형용사이므로 '알맞는'으로 활용하는 것은 잘못이다. 짐작건대 언중 가운데 '걸맞다' '알맞다' 등을 동사로 인식하는 사람이 많은 듯하다.

"자세히 두고 보니 자기와 나이 걸맞은 점잖고 틀거지가 있어 보이는 진중한 청년이니 만만치가 않고 말을 함부로 붙이기가 어려웠다."(염상섭, 「일대의 유업」)

검은색
검정색

　'검은색'은 있지만 '검정색'은 없다. '검은색'을 대신하여 쓸 수 있는 말은 '검정색'이 아니라 '검정'이다. '검정'이라는 말에 이미 "검은 빛깔"이라는 뜻이 들어가 있기 때문에 '검정'에 '색'을 더하면 의미가 중첩된다. 같은 이치로 '하얀색'은 있지만 '하양색'은 없고, '노란색'은 있지만 '노랑색'은 없다. 예컨대 바탕이 흰색(하양)인 태극기의 태극은 빨간색(빨강)과 파란색(파랑)이고, 건곤감리乾坤坎離는 검은색(검정)이다.

"검은색 양복에 조끼까지 끼어 입고 금테 안경까지 곁들인 딴으론 신사의 위풍을 뽐냈다."(이병주, 「지리산」)

"나는 아이들에게 빨강에다 파랑을 더하면 보라가 된다는 것을 알려 주었다."(최인호, 「미개인」)

구레나룻
구렛나루

두 낱말 가운데 표준어는 '구레나룻'이다. '구레나룻'
은 '구레'와 '나룻'이 합쳐진 말이다. '구레나룻'의 옛말
은 '구레나롯'이다. '구레'는 '굴레'를 뜻하는 '굴에'에서
온 것이며, '나룻'의 어원은 수염을 의미하는 '날옷'이
다. 17, 18세기에는 '구레나롯'으로 쓰이다가 이후 '구
레나룻'으로 변화했다. '구레나룻'이 가리키는 것은 "귀
밑에서 턱까지 잇따라 난 수염"이다. 마치 굴레처럼 얼
굴 아래쪽을 둥그렇게 감싸듯이 난 수염이 바로 '구레나
룻'이다(윤두서의 그림 〈자화상〉을 떠올려 보라). 남성의 귀 앞
쪽으로 난 옆머리 털을 '구렛나루'라고 잘못 부르는 경

우가 많다. '구레나룻'과 '구렛나루'가 헷갈리면 굴레와
수염의 조합을 떠올리자. '구레나룻'은 머리털이 아니
라 수염이다.

  "옷은 새것이었으나 수염을 못 깎으셔서 콧수염에 구
  레나룻까지 거멓게 자라 있더군요."(이문열, 「변경」)

그러고는
그리고는

'그러고'는 동사 '그러다'의 활용형이다. '그러다'는 '그리하다'의 준말이다. '그러고는'은 '그러고'에 보조사 '는'이 붙은 형태로 이 말에는 비문법적인 요소가 없다. 한편 '그리고는'은 접속 부사 '그리고'에 보조사 '는'이 붙은 형태인데, 우리말 문법에서는 '그런데' '그러나' '그러므로' 등의 접속 부사에는 '은' '는'과 같은 보조사가 붙지 않는다. 의미상으로 보아도 '그리하고는'이 되어야 자연스럽다. 같은 맥락에서, 많이 사람들이 자주 쓰는 '그리고 나서'라는 표현도 잘못이다. '그러고(그리하고) 나서'가 맞다. '나다'는 동사 뒤에서 '-고 나다'의 구성

162

으로 쓰이며 "앞말이 뜻하는 행동이 끝났음을 나타내는 말"이기 때문이다.

"오작녀가 앞질러 앞장을 섰다. 그러고는 훈의 걸음걸이를 재어, 꼭 두어 걸음 앞을 서 길잡이 노릇을 하는 것이었다."(황순원, 「카인의 후예」)

내로라하다
내노라하다

"어떤 분야를 대표할 만하다"라는 뜻을 지닌 단어는 '내로라하다'이다. '내로라하다'는 '나'(1인칭 대명사)+'이'(서술격 조사)+'-오-'(화자 주어 표시 선어말 어미)+'-라'(종결 어미)에서 온 '내로라'와 '하다'가 결합한 말이다. 화자 주어 표시 선어말 어미 '-오-'는 서술격 조사 뒤에서 '-로-'로 변화한다. 20세기 이후 이러한 구성이 '내로라하다'라는 한 단어로 굳어졌다. 참고로 "(예스러운 표현으로) 자신의 행동을 의식적으로 드러내어 나타내는 종결 어미" '-로라'를 보면 의미상 이러한 내력과 상통하는 부분이 있다. 다음과 같은 예문에서 확인된다. "적

들이 쳐들어오자 스스로 영웅이로라 외치던 사람들이
모두 도망갔다." 아무래도 '내로라하다'보다 발음하기
쉬워서 '내노라하다'가 더 널리 쓰이지 않나 싶다.

"이 섬 가운데서, 서늘한 제량갓 받쳐 쓰고 내로라하면
서 향교 출입하는 도포짜리들 또한 이들 토호나 그 겨
레붙이가 대부분이었다."(현기영. 「변방에 우짖는 새」)

노래지다
노레지다

노란 꽃은 더욱 노래지고 누런 땅은 더욱 누레진다. 빨간 노을은 갈수록 빨개지고 뻘건 물은 갈수록 뻘게진다. '노랗다' '누렇다' '빨갛다' '뻘겋다'가 활용할 때 일정한 규칙이 적용된 것 같지 않은가? 그렇다. 모음 'ㅏ'는 'ㅐ'로, 모음 'ㅓ'는 'ㅔ'로 변했다. 이는 우리말의 모음 조화에 따른 것으로 모음 조화는 "두 음절 이상의 단어에서, 뒤의 모음이 앞 모음의 영향으로 그와 가깝거나 같은 소리로 되는 언어 현상"이다. 즉 'ㅏ'는 'ㅔ'보다 'ㅐ'에 가깝고, 'ㅓ'는 'ㅐ'보다 'ㅔ'에 가까운 것이다. 이를테면 '새카맣다'는 '새카매', '시커멓다'는 '시커메',

'뽀얗다'는 '뽀애', '뿌옇다'는 '뿌예'로 활용한다.

"계집이 얼굴이 노래지며 대든다."(나도향,「물레방아」)

"그는 옆구리에 끼고 있던 서류봉투를 살그머니 좀 더 힘을 주어 끼면서 땀이 송골송골 맺히고 빨개진 얼굴을 손바닥으로 닦으며 말했다."(김승옥,「차나 한잔」)

"농구 시합을 끝낸 체육 선생이 운동모를 비뚜름하게 쓰고 술 취한 사람처럼 얼굴이 벌게져서 들어온다."

(박경리,「시장과 전장」)

놀래다
놀래키다

   '놀라다'의 사동사는 '놀래키다'가 아니라 '놀래다'이다. "뜻밖의 일을 해 남을 무섭게 하거나 가슴을 두근거리게 하다"의 뜻으로 쓰일 때가 많은 말이다. 하지만 언중의 대다수는 '놀래다'보다 '놀래키다'를 압도적으로 더 많이 사용하는 듯하다. '놀래키다'는 방언이다. 한편 '놀라다'의 사동사 '놀래다'도 일부 지역들에서는 '놀라다'의 뜻으로 쓰인다. 때로는 사투리가 표준어보다 힘이 세다.

"위층에 있는 장교라는 아이가 키가 작달막하고 얼굴이 오종종하다니 저번에 남을 놀래던 닭 도둑놈이나 아닌지?"(염상섭, 「짖지 않는 개」)

"의식이 대번에 바로 서도록 쩡하게 놀래 주어야 하죠."(선우휘, 「사도행전」)

덥히다

데우다

데피다

뎁히다

덥히는 것은 체온이나 사물의 온도를 높이는 일이다. 마음이나 감정을 푸근하고 흐뭇하게 하는 일 역시 덥히는 것이다. 차가운 손이나 식은 물이나 싸늘한 마음 모두 덥힐 수 있다. 그런가 하면 데울 수도 있다. '덥히다'와 '데우다'의 반의어는 공히 '식히다'('식다'의 사동사) 하나뿐이다. 덥힌 것과 데운 것은 식힐 수 있고, 식은 것은 덥히거나 데울 수 있다(익힐 수도 있다). 다만 데피거나 뎁힐 수는 없다. '데피다' '뎁히다'라는 우리말이 없기 때문이다.

"사람들은 그 불에 몸을 덥히면서 그날 밤도 밤새 함성
을 지르며 조천민의 내공을 경계하였다."

(현기영, 「변방에 우짖는 새」)

"끼고 누웠던 진주집을 깨워서 술을 데워 서너 잔이나
마시었으나 역시 잠들 수 없었다."(최서해, 「큰물 진 뒤」)

돋치다
돋히다

'돋치는' 것은 있지만 '돋히는' 것은 없다. '돋치는' 것은 외부의 힘에 의해 나타나는 현상이 아니라 스스로의 작용이므로 피동형으로 만들 수 없다. '돋히다'가 '돋다'의 피동형이 되지 못하며 불가능한 표현인 까닭이다. '돋치다'는 돋아서 내민다는 뜻으로 동사 '돋다'에 강조의 의미를 더하는 접미사 '-치-'가 붙은 말이다. 안중근 의사가 남긴 '一日不讀書 口中生荊棘(일일부독서 구중생형극)'이라는 말은 보통 '하루라도 책을 읽지 않으면 입안에 가시가 돋는다'로 번역되는데 여기에 '돋다'가 쓰였다.

"잔뜩 뿔이 돋아 있던 낙준이는 차가 멎기 무섭게 가시 돋친 고함으로 우리를 맞았다."(윤흥길, 「비늘」)

둥

동

등

'죽을 동 살 동'은 '죽을 둥 살 둥'의 오류다. 여기서 '동' 은 '둥'의 방언으로 보면 무리가 없을 것이다. 의존 명 사 '둥'은 다음 두 경우에 쓴다. "무슨 일을 하는 듯도 하고 하지 않는 듯도 함"을 나타날 때, 그리고 "이렇다 거니 저렇다거니 하며 말이 많음"을 나타날 때. '둥' 대 신 의존 명사 '등等'을 사용하는 경우도 잦은데 그 역시 잘못이다.

"옥순이는 밥을 먹는 둥 마는 둥 하고 남보다 먼저 공
장으로 들이 달렸다."(유진오, 「여직공」)

"누구는 얼마 날리고 누구는 미리 알고 물건을 사 두었
다는 둥 누구는 군표로 침대 머리맡을 도배했다는 둥
하는 소문이 떠돌다가 다시 미군이 외출을 나온다."

(황석영, 「무기의 그늘」)

되레

되려

'도리어'의 준말은 '되려'가 아니라 '되레'다. '되려'는 방언으로 '되레'와 함께 '도리어'의 뜻으로 자주 쓰인다. 참고로 '오히려'의 준말은 '외레'가 아니라 '외려'다. '외레' 역시 '외려'의 방언으로 일상에서 흔히 쓰인다. 매번 사전을 찾아 확인하지 않으면 편집자도 헷갈리는 말들이다. 어쨌거나 표준어는 '되레'와 '외려'다.

"되레 유태림이 장성함에 따라 아들이 시키는 대로만 한다는 풍평이 있었다."(이병주, 「관부 연락선」)

"화면이 크면 클수록 외려 더 눈이 피곤해지는 법입니다."(윤흥길, 「완장」)

-ㄹ는지
-ㄹ런지

　'-ㄹ런지'는 '-ㄹ는지'의 잘못이다. '-ㄹ는지'는 어미로 다음과 같이 쓰인다. "비가 올는지 습한 바람이 불기 시작했다." "그 사람이 과연 올는지." "무슨 일이 일어날는지를 누가 알겠니?" 예문에서 확인할 수 있듯이 '-ㄹ는지'는 어떤 일이나 사실의 실현 가능성에 대한 의문을 나타내며 연결 어미 혹은 종결 어미로 쓰인다. 언중의 구어에서 '-ㄹ는지' 대신 '-ㄹ런지'가 압도적으로 많이 쓰이는 것은 아마도 후자가 발음하기 더 쉬워서일 것이다.

"이 사람에게 도대체 어떻게 응대를 해야 할는지 도무지 갈피가 안 잡혔다."(이호철, 「문」)

"진정 미워해야 할 부류는 우리 내부에 있을는지 모른다."(이병주, 「지리산」)

며칠

몇 일

둘 중 '며칠'만 바른 표기다. '몇 년'은 '몇 년'이고 '몇
월'은 '몇 월'인데 왜 '몇 일'은 '며칠'이라 적을까? 한글
맞춤법에는 "어원이 분명하지 않은 것은 원형을 밝히어
적지 아니한다"는 조항이 있다(제4장 제4절 제27항 붙임 2).
'몇 월'을 보자. '몇 월'은 관형사 '몇'과 명사 '월月'로 이
루어졌으며 각각 그 원형이 확인된다. 따라서 표준 발
음법에 따르면 [며뤌]로 발음하지만 '몇 월'이라고 원형
을 밝혀 표기한다. 그런데 '며칠'은 '몇'과 '일日'이 결합
된 형태인지 확인할 수 없다. '며칠'은 언제나 [며딜]이
아니라 [며칠]로 발음되기 때문이다. 따라서 소리 나는

대로 '며칠'로 표기하는 것이다. '며칠'에는 두 가지 뜻이 있다. 하나는 어떤 달의 몇 번째 날(순서), 또 하나는 몇 날(날의 수)이다. 전자는 '며칟날'이라고 하는데 이는 '며칠'의 본말이다.

"오새 며칠은 불도 뜨뜻이 때고 마음 놓고 밥도 먹으니까 심신이 편해 그런지 잠이 많아졌다."(염상섭, 「삼대」)

비비다
부비다

'부비다'는 '비비다'의 잘못이다. 표준어는 '비비다' 하나뿐으로 그 대표적인 뜻은 "두 물체를 맞대어 문지르다" "어떤 재료에 다른 재료를 넣어 한데 버무리다" "어떤 물건이나 재료를 두 손바닥 사이에 놓고 움직여서 뭉치거나 꼬이는 상태가 되게 하다"이다. '부비다'는 일상에서 자주 쓰이는 입말로 시나 소설 등의 문학 작품에서도 종종 보인다. 그러나 올바른 표기는 '비비다'이다.

"이끼가 돋아난 돌담 너머로 뿌유스름하게 개어 오는 밤을 내다보며 동칠이는 눈을 비볐다."(한수산, 「유민」)

"민은 얼굴이 시뻘게서 두 손을 마주 비비며 서 있을 뿐."(최인훈, 「구운몽」)

"그것을 대충 모래흙에 비벼 구적 조각이나 떼고 호주머니에 쑤셔 넣었던 것이다."(이문구, 「장한몽」)

부서지다
부숴지다

동사 '부수다'의 피동형을 '부수어지다'로 아는 경우가 흔하다. '부수다'의 어간에 피동을 뜻하는 보조 동사 '지다'를 붙이는 것이다('부수+어지다'와 같이 '-어지다' 구성으로). 하지만 '부수다'의 피동형은 '부수어지다'가 아니라 '부서지다'이다. 이미 15세기 문헌에 '부서지다'의 옛말 '븟어디다'가 나타나고(현대 국어의 '부서지다'와 같은 의미로 쓰였다) 이후 '븟어디다'로 변화하는 과정을 거쳐 19세기 이후 '부서지다' 형태로 자리를 잡았다. 따라서 "비슷한 발음의 몇 형태가 쓰일 경우, 그 의미에 아무런 차이가 없고, 그중 하나가 더 널리 쓰이면, 그 한 형태만을 표준어로 삼는다"는 표준어 규정(제1부 제3장 제4절 제17항)에 따라 '부숴지다'가 아니라 본래 존재하던 말인 '부서지다'만 표준어로 인정하고 있다. '부숴뜨리다/부숴트리다'도 비표준어다. '부서뜨리다/부서트리다'가 옳은 말이다.

> "수도원을 지나서 시의 변두리를 흐르는 강에 걸린 시멘트 다리는 기둥만 덩그렇게 남기고 부서져 있다."
>
> (최인훈, 「회색인」)

삼가다
삼가하다

'삼가하다'는 사전에 등재되어 있지 않은 말로, 동사 '삼가다'의 잘못이다. "몸가짐이나 언행을 조심"하고, "꺼리는 마음으로 양이나 횟수가 지나치치" 않도록 함이 바로 삼가는 것이다. 삼가야 하는 것으로는 예컨대 말과 행동, 술이나 담배 따위가 있다. 경계하고, 꺼리고, 멀리하는 게 바로 삼가는 것이다. 한편 "겸손하고 조심하는 마음으로 정중하게"의 뜻으로 쓰이는 말로 부사 '삼가'가 있다. "삼가 명복을 빕니다"와 같이 쓰인다. 의미상 통하는 데가 없지 않으나 '삼가다'와 '삼가'의 어원이 같은지는 단정하기 어렵다.

"각자 탄환을 절약하기 위해 불필요한 사격은 삼가 주기 바란다."(홍성원, 「육이오」)

"자기를 책하되 비관 또는 실망에 그치고 마는 일은 삼가야 한다."(이병주, 「지리산」)

-스러운
-스런

    접미사 '-스럽다'는 일부 어근 뒤에 붙으면 '어근+스럽다' 형태의 형용사가 된다. '-스럽다'는 어떠어떠한 성질이 있다는 뜻이다. '-스럽다'가 붙어 형용사가 된 말들은 '-스런'이 아니라 '-스러운'으로 활용한다. '갑작스럽다'를 예로 들어 보면 '갑작스런'이 아니라 '갑작스러운'이라고 써야 맞다. '갑작스럽다'는 ㅂ 불규칙 용언이다. ㅂ 불규칙 용언은 어간의 끝 'ㅂ'이 모음으로 시작하는 어미 앞에서 'ㅗ' 혹은 'ㅜ'로 바뀐다. 이에 따라 '갑작스럽다'는 '갑작스럽은'이 아니라 '갑작스러운'으로 활용하는 것이다. '가깝다'가 '가까운'으로, '무겁다'가

'무건'으로 활용하지 않는 것과 같다. '-스런'은 '-스러운'의 축약형이 아님을 기억하자. 2007년에는 '국기에 대한 맹세'(대한민국국기법 시행령 제4조)의 도입 구절 또한 과거의 "나는 자랑스런 태극기 앞에"에서 "나는 자랑스러운 태극기 앞에"로 옳게 수정되었다.

> "나는 싸늘하게 기운이 빠졌고, 이제는 끝났구나 하는 갑작스러운 피로감과 온몸이 피로 끈적이는 불쾌감을 느끼며 뭉크러져 땅바닥에 주저앉았다."

(안정효,「하얀 전쟁」)

아비

애비

어미

에미

입말로 자주 쓰이는 '애비'와 '에미'는 모두 '아비'와 '어미'의 비표준어다. '아비'를 '애비'로, '어미'를 '에미'로 잘못 사용하는 것은 이른바 'ㅣ' 모음 역행 동화 때문이다. 모음 'ㅏ, ㅓ, ㅗ, ㅜ'가 뒤의 모음 'ㅣ'의 영향을 받아 'ㅐ, ㅔ, ㅚ, ㅟ'로 변하는 것이다. '아비'를 예로 들면 '아'의 'ㅏ'가 뒤의 '비'의 'ㅣ'의 영향으로 'ㅐ'가 되어 '애비'로 동화된다. '어미'의 비표준어인 '에미', '아기'의 비표준어인 '애기' 또한 같은 예다. 다만 예외를 두어 접사 '-내기'와 '-나기'의 경우에는 '-내기'를 표준어로 삼는다. 예컨대 '서울내기' '시골내기' '신출내

190

기' '풋내기' 등이다. 하지만 '아지랑이'의 경우에는 '아지랭이'가 아니라 '아지랑이'가 표준어다. 접사 '–장이'와 '–쟁이'의 경우에는 모두 인정하되 '간판장이'처럼 앞말과 "관련된 기술을 가진 사람"을 나타낼 때는 '–장이', '겁쟁이'처럼 앞말의 "속성을 많이 가진 사람"이나 '관상쟁이'처럼 앞말의 "일을 직업으로 하는 사람"을 낮잡아 이를 때는 '–쟁이'를 붙여 쓴다.

"너는 지금 앓는 아비를 보러 온 게 아니라, 해장을 하려고 술친구를 찾아다니는 거냐?"(염상섭, 「삼대」)

"정 고생되거든 이 어미 찾아오너라."(김동리, 「을화」)

안절부절못하다
안절부절하다

두 낱말은 예민하게 의식하지 않으면 어느 쪽이 맞는지 헷갈린다. 표준어는 '안절부절못하다'이다. "마음이 초조하고 불안하여 어찌할 바를 모르다"라는 뜻이다. 근거는 다음과 같은 표준어 사정 원칙이다. "의미가 똑같은 형태가 몇 가지 있을 경우, 그중 어느 하나가 압도적으로 널리 쓰이면, 그 단어만을 표준어로 삼는다."(제1부 제3장 제4절 제25항) '안절부절못하다'가 '안절부절하다'보다 압도적으로 널리 쓰이는지 계량하기는 어렵겠지만, 원칙은 일종의 약속이라 볼 수 있으므로 따르는 편이 좋겠다. 한편 '안절부절못하다'에서 '못

192

하다'를 떼어 낸 '안절부절'이라는 부사가 있다. 의미는
"마음이 초조하고 불안하여 어쩔할 바를 모르는 모양"
이다. 동사 '안절부절못하다'와 뜻이 같다. 이러한 까닭
으로 '안절부절'에 '못하다'보다 '하다'가 더 자주 따라
붙는 듯도 하다.

"안절부절못하고 서성서성 방 속을 거닐었다."

(박종화, 「임진왜란」)

"전차에 올라타자 조바심은 더욱 심해지고 안절부절
견딜 수가 없었다."(이호철, 「소시민」)

어쭙잖다
어줍잖다

언중의 입말로는 '어줍잖다'가 압도적으로 더 많이 쓰이는 듯하나 표준어는 '어쭙잖다'이다. 뜻은 두 가지다. 하나는 "비웃음을 살 만큼 언행이 분수에 넘치는 데가 있다"이다. "가난뱅이 주제에 어쭙잖게 자가용을 산대?"와 같이 쓰인다. 또 하나는 "아주 서투르고 어설프다. 또는 아주 시시하고 보잘것없다"이다. 예문처럼 쓰인다.

"어마어마한 이름을 뒤집어씌워 그렇지 실은 사건이 될 턱이 없는 어쭙잖은 일이었다."(김정한, 「수라도」)

"공산주의 싸움 같은 어쭙잖은 일 대신에 해방된 그 마음으로 우직한 민족주의로 치달았더라면 지금쯤은 훨씬 자리가 났을 것이다."(최인훈, 「회색인」)

우려먹다
울궈먹다

　"이미 썼던 내용을 다시 써먹다"라는 뜻의 우리말은 '울궈먹다'가 아니라 '우려먹다'이다. 하지만 언중의 일상에서는 전자가 훨씬 더 많이 쓰이는 듯하다('울구다'는 '우리다'의 방언이라고 한다). '우리다'의 뜻은 멸치를 우리고 찻잎을 우리는 것처럼 "어떤 물건을 액체에 담가 맛이나 빛깔 따위의 성질이 액체 속으로 빠져나오게" 함이다. '우려먹다'라는 말에는 이처럼 "음식 따위를 우려서 먹다"라는 뜻도 있다. 이와 같은 뜻으로는 '울궈먹다'를 쓰는 경우가 흔하지 않은 것이 흥미롭다.

"임칠병이 십여 차례도 넘게 우려먹은 화차 고개의 무용담을 다시 꺼냈다."(김원일, 「불의 제전」)

잠그다
잠구다

문은 '잠구는' 것이 아니라 '잠그는' 것이다. 수도꼭지도, 단추도 잠구지 않고 잠근다. 우리말에는 '잠구다'라는 동사가 없다. 따라서 '잠그다'는 '잠궈'가 아니라 '잠가'로 활용한다. 이와 비슷한 사례로 '담그다/담구다' '치르다/치루다'가 있다. 김장은 '담구지' 않고 '담근다'. 시험은 '치루지' 않고 '치른다'. '담구다' '치루다'라는 동사도 우리말에 없다. 각각 '담궈' '치뤄'가 아니라 '담가' '치러'로 활용한다.

"대문은 언제든지 꽉 잠가 두거니와 옆으로 난 쪽문도 안으로 잠겼어야 할 것이어늘 그것이 훤히 열려 있었던 것입니다." (채만식, 「태평천하」)

"누가 내 아들 이렇게 만들어 놓고 약술 담가다가 주라고 하더냐?" (한승원, 「해일」)

"이렇게 큰 희생을 우리가 치러 본 적은 없었어. 나라와 나라 사이의 일이라면 전면 전쟁이 일어났을 거다." (조세희, 「내 그물로 오는 가시고기」)

저 자신

제 자신

'저는 저 자신을 믿습니다.' '저는 제 자신을 믿습니다.' 둘 중 어느 문장이 맞을까? 전자가 올바르게 쓰인 문장이다. '제'는 "말하는 이가 윗사람이나 그다지 가깝지 아니한 사람을 상대하여 자기를 낮추어 가리키는 일인칭 대명사"인 '저'에 관형격 조사 '의'가 결합하여 줄어든 말이다. 그러므로 '제 자신'은 '저의 자신'이라는 말과 같은데 아무리 보아도 어색하다('내 자신'도 마찬가지다). '저 자신'은 '저 스스로'의 의미로 보면 자연스럽다('나 자신'은 '나 스스로').

"나는 그렇게 부주의한 나 자신을 저주하면서, 찻그릇을 그대로 한옆으로 밀어 놓고 다시 원고지를 대하려 하였다."(박태원, 「피로」)

전

절은

'땀에 전 티셔츠'와 '땀에 절은 티셔츠' 가운데 어느 쪽이 맞을까? '땀에 전 티셔츠'가 맞다. 이를테면 '밭을 갈은 사람'이 아니라 '밭을 간 사람'이 맞고, '나랑 같이 놀은 아이'가 아니라 '나랑 같이 논 아이'가 맞다. 'ㄹ' 받침인 동사 어간 뒤에 "앞말이 관형어 구실을 하게 하고, 사건이나 행위가 과거 또는 말하는 이가 상정한 기준 시점보다 과거에 일어남을 나타내는 어미"인 '-ㄴ'이 붙을 때는 어간의 'ㄹ'이 줄고 준 대로 적는다. '누나가 분 풍선'(불다), '아빠가 빤 이불'(빨다), '강아지가 문 장난감'(물다) 등과 같이 쓴다.

"기름때에 전 부채는 댓가지가 다 보이도록 너덜너덜
떨어져 바람을 제대로 일으키지도 못했다."

(김원일, 「노을」)

조용히 하라
조용하라

'조용하다'는 어떤 뜻으로 쓰이든 형용사다. 원칙적으로 형용사에는 명령형 어미나 청유형 어미를 붙일 수 없다. 명령형 어미에는 '- 아라(-어라)'(단, 감탄의 뜻으로 쓰일 때는 제외) '-게' '-오' '-ㅂ시오' 등이 있는데 이것들은 동사나 보조 동사의 어간에 붙는다. 형용사는 사물의 성질이나 상태를 나타내기 때문에 명령형이나 청유형 어미가 붙으면 대단히 어색해진다. 외국인이 아닌 우리말 사용자들은 대부분 이론적으로 문법을 잘 알지 못하는 경우에도 이 어색한 느낌을 자연스레 체득한다. 다만 몇몇 형용사들의 경우는 예외로 그중 하나가 '조용하다'이다. 시끄럽게 구는 사람들을 침묵하게 할 때 흔히 쓰는 말이 '조용해!' '조용하세요!' 등인데 이는 잘못이다. '조용히 해!' '조용히 하세요!'라고 해야 맞다(단, 다음처럼 '조용해!'가 서술형으로 쓰인 경우에는 잘못이 아니다. "집이 너무 조용해!").

"승재는 물끄러미 내려다보고 섰다가 교편으로 교탁을 딱 친다. '고만하고 조용히 해!'"(채만식, 「탁류」)

졸리다
졸립다

'졸립다'는 '졸리다'의 잘못이다. '졸리다'는 동사이기도 하고 형용사이기도 하다. 자고 싶은 느낌이 들면 '졸리는' 것이고, 자고 싶은 느낌이 있으면 '졸린' 것이다. 앞에서는 동사로, 뒤에서는 형용사로 쓰였다. 동사로 쓰일 때와 형용사로 쓰일 때 활용형이 서로 다르다 (졸리는/졸린).

"밤낮을 가릴 것 없이 아무 때나 졸리면 되는대로 쓰러져 자고 잠이 깨면 미완성된 화폭을 물끄러미 들여다보고 있는 것이었다." (주요섭, 「미완성」)

주야장천
주구장창

'주구장창'은 '주야장천'의 잘못이다. 하지만 일상 입말로서의 힘은 전자가 후자보다 훨씬 더 세 보인다. '주야장천晝夜長川'은 밤낮 쉼 없이 흐르는 냇물로 "밤낮으로 쉬지 아니하고 연달아"라는 뜻이다. 줄여서 '장천'으로 써도 무방하다. '장천'이 들어간 다른 말로는 '영구장천永久長川'이 있다. "한없이 길고 오랜 세월"(명사), "언제까지나 늘"(부사)이라는 뜻을 가진 말이다.

"주야장천 술판이 아니면 노름판에 붙어 지냈다."

(김원일, 「노을」)

집어치우다
집어치다

'집어치다'는 동사 '집어치우다'의 잘못이다. 집어치우는 것은 하려던 일이나 하던 일을 그만두는 것이다. 비슷하게 잘못 쓰이는 말로 '때려치다'가 있다. 우리말에는 '때려치는' 것은 없고 '때려치우는' 것만 있다. 그러므로 입말로 자주 쓰이는 '집어쳐' '때려쳐'는 각각 '집어치워' '때려치워'의 잘못이다.

"어떤 책은 드문드문 주워 읽고, 어떤 책은 절반쯤 읽다 집어치우고, 어떤 책은 통독을 하는 식으로 해서 하루에 두세 권은 눈을 거칠 수 있었다."(손창섭, 「낙서족」)

차이다
채이다

우리말에는 '차이는' 것은 있지만 '채이는' 것은 없
다. 즉 '차이다'만 표준어로 인정한다. '차이다'는 '차
다'의 피동사다. '채이다'가 '채다'의 피동사 같지만 아
니다. '채다'가 '차이다'의 준말이어서 그렇다. '차이다'
의 준말로 쓰이지 않는 '채다'는 잡아당기거나 훔치거
나 움직이는 동작과 관련이 있는 말이다. 동사 '차다'와
는 별 상관이 없다. 돌부리에 차이기도 하고, 발길질에
차이기도 하며, 관계를 맺던 이성 혹은 동성에게 차이
기도 한다.

"발길에 차인 사병의 몸뚱이가 개구리처럼 훌렁 하늘을 향해 뒤집혔다."(홍성원, 「육이오」)

"팔자가 사나워서 이리 차이고 저리 차이면서 사는가 보다 했는데 그게 아니었다."(황석영, 「어둠의 자식들」)

파이다
패이다

'패이다'는 '패다'의 잘못이다. '패다'는 '파이다'의 준말이다. '파이다'는 '파다'의 피동사다. 파이는 것은 구멍이나 구덩이가 만들어지는 것, 그림이나 글씨가 새겨지는 것, 천이나 종이 따위의 한 부분이 오려내지는 것 등이다. 예컨대 웅덩이가 파이고(패고), 이름이 파이고(패고), 옷의 목선이 파인다(팬다). '파이다'는 '파여'로, '패다'는 '패어'로 활용한다. 우리말에는 '파이는(패는)' 것만 있고 '패이는' 것은 없다.

"푹 패어 들어간 두 눈에 불을 뿜던 사내 얼굴이 떠오른다."(박경리, 「토지」)

"사내도 노인의 시선을 따라 민둥산의 곳곳에 움푹움푹 패어 있는 포탄 자국들을 보았다."(송기원, 「월행」)

5.

잘 띄고 잘 붙여야 하는 말

같이 하다
같이하다

낱말 '같이하다'는 동사다. '같이 하다'는 부사(같이)와 동사(하다)로 이루어진 구句다. '같이하는' 것은 다르지 않게 함, '같이 하는' 것은 어떤 행동을 둘 이상의 사람이 함께 함을 뜻한다. '함께 하는' 것과 '함께하는' 것도 다른데 '함께하다'는 '같이하다'와 의미가 통한다. '같이하는' 것의 대상(목적어)은 경험이나 생활, 어떤 뜻이나 행동, 때(시기)다. 예컨대 일생을 같이하고, 고락을 같이하고, 의견을 같이하고, 술자리를 같이한다. 한편 '같이 하는' 것의 대상은 구체적인 일이나 행위다. 봉사 활동을 같이 하다, 청소를 같이 하다, 퇴근을 같이 하다 등으로 쓸 수 있다. 여기서 '같이 하다'는 '따로 하다'와 반대되는 말이라고 봐도 무리가 없다.

"동욱의 거처를 왕방하기 전에 원구는 어느 날 거리에서 동욱을 만나 저녁을 같이 한 일이 있었다."

(손창섭, 「비 오는 날」)

"지금 이 판국에 군기를 내세워 다년간 우리와 심신을 같이하던 동무를 어떻게 죽일 수 있단 말이오."

(이병주, 「지리산」)

걸
-ㄴ걸
-ㄹ걸

    다음 두 문장을 띄어 써 보자. '숙제부터할걸그랬어.' '숙제부터할걸.' 정답은 다음과 같다. '숙제부터 할 걸 그랬어.' '숙제부터 할걸.' 앞 문장의 '걸'은 의존명사 '것' 의 구어적 형태인 '거'에 'ㄹ'이 붙은 것이고, 뒤 문장의 '걸'은 종결 어미 '-ㄹ걸'의 '걸'이다. '숙제부터 할걸' 에서 '-ㄹ걸'은 "혼잣말에 쓰여, 그렇게 했으면 좋았을 것이나 하지 않은 어떤 일에 대해 가벼운 뉘우침이나 아 쉬움을 나타내는" 역할을 한다. 앞 문장 '숙제부터 할 걸 그랬어'도 뉘앙스는 비슷하지만 여기서는 '할 걸'로 띄어 쓰는 까닭은 '할 걸'의 원형이 '할 것을'이기 때문이다('숙제부터 할 것을 그랬어.'). 한편 '−ㄹ걸'에는 "화자의 추측이 상대편이 이미 알고 있는 바나 기대와는 다른 것임을 나타내는" 기능도 있다. 보통 "가벼운 반박이나 감탄의 뜻을" 나타내는데 "누나는 너보다 키가 클걸"과 같이 쓰인다. '−ㄹ걸'은 '−ㄴ걸'과 의미와 쓰임이 비슷하므로 경우에 따라 통용할 수 있다. '−ㄴ걸'은 '차는 이미 떠난걸' '내가 생각한 거랑 다른걸' 등과 같이 쓰인다.

그럴 듯하다
그럴듯하다

'그럴 듯하다'는 동사 '그러다'의 활용형과 보조 형용사 '듯하다'로 구성된 말이고 '그럴듯하다'는 한 단어 형용사다. '그럴 듯하다'는 '그렇게 할 것 같다'라는 뜻이다. '그럴듯하다'는 "제법 그렇다고 여길 만하다"("그의 말은 얼핏 듣기엔 그럴듯하게 들린다.") "제법 훌륭하다"("이 음식은 보기엔 이래도 요리사가 만들어서 맛은 그럴듯하다.")라는 의미다.

"그럴듯한 데를 미리 점찍어 두곤 입버릇처럼 거기 묻히고 싶다는 얘기들을 해 왔다."

(전상국, 「하늘 아래 그 자리」)

"처진 제복을 입고 공손히 허리를 굽히는 웨이터에게 생긋 웃으면서 차 키를 맡기고 또박또박 걸어가 호텔의 회전문을 미는 맛이 그럴듯했다."

(박완서, 「꿈꾸는 인큐베이터」)

-ㄴ바

바

  '-ㄴ바'는 연결 어미이고 '바'는 의존 명사다. '-ㄴ바'는 어미이므로 대체로 용언의 어간에 붙여 쓰고 의존 명사 '바'는 앞말과 무조건 띄어 쓴다. '내가 살펴본바 집에 아무도 없었다.' 여기서 '바'는 '-ㄴ바'의 형태로 '살펴보다'라는 동사 어간 뒤에 붙은 어미다. '살펴봤는데' '살펴보니'의 의미를 갖는다. '-ㄴ바'는 뒤 절과 앞 절을 이어 주는 역할을 하며 뒤 절에서 어떤 사실(집에 아무도 없었다)을 말하기 위해 그 사실과 관련된 (과거의) 상황(내가 살펴보았다)을 제시할 때 쓰인다. '내가 살펴본 바로는 집에 아무도 없었다.' 여기서 '바'는 의존 명사로 쓰였으며 살펴본 내용 혹은 살펴본 행위 자체를 가리킨다. '바'가 의존 명사로 쓰일 때에는 '바' 뒤에 조사가 붙을(바+로+는) 때가 많다. "어차피 매를 맞을 바에는 먼저 맞겠다." 이 문장에서처럼 '바'는 '-은/는/을 바에는/바에야' 구성으로도 자주 쓰인다.

"전주 교동 녹두묵, 청포, 이는 천하의 진미라 해서 강호에 이미 알려진바 (…)"(최명희, 「혼불」)

"선대부터 누구한테 적악한 바도 없는 것 같은데 무슨 죄 밑으로 못돼 먹은 종자가 내 속에서 빠져나왔을까?"(송기숙, 「암태도」)

듯
듯이
듯하다

　'비가올듯말듯하다.' 띄어쓰기를 한번 해 보자. 정답
은 다음과 같다. '비가 올 듯 말 듯 하다.' 이 문장에
서 '듯'은 모두 의존 명사다. '비가 올 듯 말 듯하다'로
쓰는 경우가 많은데, 여기서 '듯'은 "그런 것 같기도 하
고 그러지 아니한 것 같기도 함을 나타내는 말"로 보조
형용사 '듯하다'와는 쓰임새가 다르다('듯하다'는 '비가 올
듯하다' '비가 오다 말 듯하다'와 같이 쓸 수 있다). '비가 올 듯
말 듯 하다'를 다르게 표현하면 '비가 올 것 같기도 하
고 오지 않을 것 같기도 하다'가 된다. 한편 '듯'은
의존 명사 '듯이'의 준말로 쓰이기도 한다. "꼬마는 잘

모르겠다는 듯 눈만 껌벅이고 있었다"에서 '듯'은 '듯
이'를 줄인 말이다. 이때 '듯이(듯)'는 연결 어미 '-듯
이(-듯)'와 헷갈리지 말아야 한다. 연결 어미 '-듯이(-듯)'
는 "뒤 절의 내용이 앞 절의 내용과 거의 같음을 나타
내는" 말이다. '거대한 파도가 일듯이 사람들의 가슴
에 분노가 일었다'와 같이 쓰인다. 여기서 '일듯이'는
줄여서 '일듯'으로 써도 무방하다. 예문에서 각각의 쓰
임을 살펴보자.

"보일 듯 말 듯 한 그 상처로부터 좁쌀 난 같은 핏방울
이 송송 솟는다."(현진건, 「술 권하는 사회」)

"새 버들을 꺾어서 힘 있게 내부는 피리 소리가 풍편에
들리는 듯 마는 듯 하다."(나도향, 「어머니」)

"고독해 뵈는 이 노학자의 백발에서 더 많은 신성을 느
낀 듯했다."(박상륭, 「열명길」)

"한참 미역을 감고 나니 몸은 날 듯이 가벼워졌다."

(정비석, 「성황당」)

"사내아이는 일부러 골탕을 먹이려는 듯 날듯이 빨리

걷는다."(박경리, 「토지」)

-ㄹ밖에
밖
밖에

　'-ㄹ밖에'는 "'-ㄹ 수밖에 다른 수가 없다'의 뜻을 나타내는 종결 어미"다. "선생님이 시키는데 할밖에" "어른들이 다 가시니 나도 갈밖에" "자식들이 속을 썩이니 어머니가 저렇게 늙으실밖에"와 같이 앞말에 붙여 쓴다. '핸드폰, 지갑, 그 밖에 빠뜨린 것 없어?' '믿을 만한 사람은 그밖에 없다.' 앞 문장에서 '밖'은 명사로 "일정한 한도나 범위에 들지 않는 나머지 다른 부분이나 일"을 뜻하고, 뒤 문장의 '밖에'는 "'그것 말고는', '그것 이외에는'의 뜻을 나타내는 보조사"로 뒤에 대개 부정을 나타내는 말('없다')이 온다. 앞 문장에서 '그 밖'은 '그 외州'와 뜻이 통한다. 뒤 문장은 믿을 만한 사람이 그 말고는 혹은 그 외에는 없다는 뜻이다. '그 집은 일 킬로미터 밖에 있다.' '그 집까지 일 킬로미터밖에 남지 않았다.' 앞의 '밖'은 명사, 뒤의 '밖에'는 조사다.

"세계를 하느님은 불과 엿새 동안에 만들었다고 하지 않소. 그런 조제품이 돼 놓으니 불편할밖에."

(이병주, 「행복어 사전」)

"일인들이 토지와 그 밖에 온갖 재산을 죄다 그대로 내어놓고, 보따리 하나에 몸만 쫓기어 가게 되었다는 이야기를 듣는 한 생원은 어깨가 우쭐하였다."

(채만식, 「논 이야기」)

"천대와 구박, 내가 받은 건 그것밖에 없었다."

(박경리, 「토지」)

–ㄹ뿐더러
뿐

'–ㄹ뿐더러'는 연결 어미이고, '뿐'은 의존 명사 혹은 보조사다. 어미 '–ㄹ뿐더러'는 '이다'의 어간, 받침 없는 용언의 어간, 'ㄹ' 받침인 용언의 어간 또는 어미 '–으시–' 뒤에 붙여 쓰고, 의존 명사 '뿐'은 앞말과 띄어 쓴다(보조사 '뿐'은 앞말에 붙여 쓴다). '–ㄹ뿐더러'는 "어떤 일이 그것만으로 그치지 않고 다른 일이 더 있음을 나타내는" 것으로 의미상 '뿐만 아니라'와 통한다. "새 일꾼이 일도 잘할뿐더러 성격도 좋다"와 '새 일꾼이 일도 잘할 뿐만 아니라 성격도 좋다'는 뜻이 같은 문장이다. 한편 어미 '–을뿐더러'도 '–ㄹ뿐더러'와 쓰임이 같다. 다

227

만 '-을뿐더러'는 'ㄹ'을 제외한 받침 있는 용언의 어간
이나 어미 '-었-' 뒤에 붙는다. 의존 명사 '뿐'은 주로 어
미 '-을' 뒤에 쓰이지만("소문으로만 들었을 뿐이네.") '-다
뿐이지' 구성으로 쓰일 때도 있다("이름이 나지 않았다 뿐이
지 참 성실한 사람이다.").

"지금보다도 덜 퇴락했다 해도 구들장이 성하게 붙어
있고 하늘이 안 보였다 뿐 흉흉하긴 마찬가지였느니
라."(박완서, 「미망」)

"그런 일을 감당할 만한 능력도 없을뿐더러 자기는 여
전히 광주 단지 사람이 아니며 어디까지나 서울 사람
이라는 생각 때문에 (…)"

(윤흥길, 「아홉 켤레의 구두로 남은 사내」)

만 하다
만하다

'집채만한파도'를 띄어 써 보자. 정답은 다음과 같다. '집채만 한 파도'. '형만한아우없다'도 띄어 써 보자. '형 만 한 아우 없다'가 정답이다. 여기서 '만'은 보조사로 "앞말이 나타내는 대상이나 내용 정도에 달함을" 나타 낸다. 즉 파도가 집채 정도 되고, 아우가 형 정도 된다 는 뜻이다. 이 보조사 '만'은 보통 '하다' 혹은 '못하다' 와 함께 쓰인다. '못하다'와 함께 쓰인 예로는 "청군이 백군만 못하다" "안 가느니만 못하다" 등과 같은 문장 을 들 수 있다. 한편 '만하다'는 보조 형용사로 용언 뒤 에서 '-을 만하다' 구성으로 쓰이고("가 볼 만한 장소."),

"앞말이 뜻하는 행동을 하는 것이 가능함을" 나타내기
도 한다("그런 것쯤은 참을 만하다.").

　　"여기 형님이 너만 한 나이 때 우리 집에서 머슴살이한
　　적이 있다는 거 너 모르지?"(박완서, 「미망」)

　　"두 사람의 결혼 결정은 한동안 의기가 저하돼 있던
　　원생들을 위해서는 분명히 새로운 활력소가 될 만했
　　다."(이청준, 「당신들의 천국」)

못 다
못다

    '못다한사랑'을 올바르게 띄어 쓰면? 정답은 '못 다 한 사랑'이다. '못 다'는 부사로 "다 하지 못함"을 나타낸다. 그럼 '못 다 한 사랑'은 틀린 말일까? 문법적으로 오류라고 단정하기는 어렵지만 동사 '다하다'는 '못 다하다' 혹은 '안 다하다'보다는 '다하지 못하다' '다하지 않다'의 형태로 훨씬 더 많이 쓰인다. '못다'와 '못'이 모두 부사라서 헷갈리기 쉬우나 둘의 의미는 전혀 다르다.

"세전부터 장리쌀로 목숨을 이어 온 사람들은 빚 청장
도 못다 하고 (…)"(이태준, 「농토」)

"아직 못다 판 어물이나 나물 종류를 거두지 않고 호객
하는 목판 장수 (…)"(김원일, 「불의 제전」)

못 하다
못하다

'못 하다'와 '못하다'는 의미 차이가 크다. 다음 두 문장의 의미는 어떻게 다를까? '나는 수영을 못 했어.' '나는 수영을 못했어.' 전자는 어떤 이유가 있어서 수영을 하지 못했다는 말이고, 후자는 수영을 잘하지 못했거나 수영할 능력이 없었다는 말이다. '노래를 못 하다'는 이를테면 노래를 하고 싶은데 하지 못한다는 뜻이고, '노래를 못하다'는 남들보다 노래를 잘하지 못한다는 뜻이다. '술을 못 하는 사람'은 사정이 있어서 술을 못 마시는 사람이고, '술을 못하는 사람'은 술을 잘 마시지 못하거나 혹은 마실 수 없는 사람이다.

"철호는 그저 얼이 빠져서, 두 무릎 위에 맥없이 손을 올려놓고 앉은 채 아무 대답도 못 했다."(이범선,「오발탄」)

"생산을 못하는 중궁전보다 원자의 생모인 수빈 거처에서 요긴한 사람이 더 필요했던 모양이었다."

(한무숙,「만남」)

우리 나라
우리나라

'우리나라'는 한 단어로 "우리 한민족이 세운 나라를 스스로 이르는 말"이다. 그러니까 대한민국, 한국만을 '우리나라'라고 부를 수 있다. 외국인이 자신의 나라를 가리키는 상황을 글로 표현할 때는 '우리나라'가 아니라 '우리 나라'라고 띄어 써야 맞다. "어떤 프랑스 사람이 '우리나라 국가는 〈라 마르세예즈〉입니다'라고 말했다"라는 문장이 있다고 치면, 여기서 '우리나라'는 '우리 나라'로 써야 하는 것이다. '우리말' '우리글'도 '우리나라'와 마찬가지로 우리나라 사람들의 말과 글만을 가리킨다. 우리나라 사람이 듣는 이가 있을 때 '우리나라'를 '저희 나라'로 부르는 경우가 적지 않은데 이 또한 잘못이다. 국가는 구성원 개인이 낮춰 부를 수 없고, 낮춰 불러서도 안 되는 거대한 규모의 주체적이고 독립적인 집단이기 때문이다. '우리나라'를 일관되게 '저희 나라'라고 부르는 우리나라 사람에게는 다소 짓궂지만 이렇게 묻고 싶다. "우리나라 말고 당신네 나라가 따로 있습니까?"

"아라사가 지면 우리나라가 온통 왜놈의 손아귀에 들어간다."(안수길, 「북간도」)

이 외

이외

'이 외'는 관형사 '이'와 의존 명사 '외'로 이루어진 말이고, '이외以外'는 한 단어다. '이 외'는 이것(지칭되는 대상) 외라는 뜻이고, '이외'는 "일정한 범위나 한도의 밖"이라는 뜻이다(반대말은 이내以內). 의존 명사 '외' 앞에는 '그' '이' 같은 대명사 외에 일반 명사도 올 수 있다. 예컨대 '가족 외' '관계자 외' '원금 외' 등등. '이 외'의 '이'는 보통 앞의 문장에서 지칭된 대상(들)을 대신 가리킬 때가 많다. '식탁 위에는 보리밥과 미역국, 달걀찜과 불고기, 오이무침과 김이 놓여 있었다. 이 외에 쌈장과 상추도 있었다.' 이 문장에서 '이'는 앞 문장에 나열된 음식 전체를 가리킨다. 이 문장을 '이 외' 대신 '이외'를 써서 바꾸면 다음과 같다. '식탁 위에는 보리밥과 미역국, 달걀찜과 불고기, 오이무침과 김 이외에 쌈장과 상추도 있었다.' '이 외'는 '외'로 줄여 쓸 수 없지만, '이외'는 '외'로 줄일 수 있다. 한편 '그 외'는 쓸 수 있지만 '그외'라는 말은 없고, '그 외'는 '그 밖'으로 써도 문제없다.

"이 외에도 다이이치 은행은 무기명식 어음 발행을 단행하였다."(문순태, 「타오르는 강」)

"오봉 선생에게는 먼 데서 찾아오는 유생들 이외에, 인근동에는 글이나 나이로 보아서 벗 될 만한 사람이 바이 없는 것은 아니었다."(김정한, 「수라도」)

치고
치다

'부지런한사람치고늦잠자는경우없다.' '겨울날씨치고
따뜻하다.' 이 두 문장을 띄어 써 보자. 정답은 다음과
같다. '부지런한 사람치고 늦잠 자는 경우 없다.' '겨울
날씨치고 따뜻하다.' 앞의 '치고'는 "그 전체가 예외 없
이", 뒤의 '치고'는 "그중에서는 예외적으로"라는 뜻으
로 쓰이며 여기서 '치고'는 모두 보조사다. 부지런한 사
람은 예외 없이 늦잠을 자지 않고, 겨울 날씨로는 예외
적으로 따뜻하다는 의미다. '그것은그렇다치고.' 이번
에는 이 문장을 띄어 써 보자. 정답은 다음과 같다. '그
것은 그렇다 치고.' 여기서 '치고'는 동사 '치다'의 활용

형으로 "어떠한 상태라고 인정하거나 사실인 듯 받아들이다"라는 뜻이다. "그는 내 작품을 최고로 쳤다"와 같이 쓰인다.

"젊은 사람치고, 이상주의적인 사회 개량의 정열이 없는 사람이 어디 있겠습니까?"(최인훈, 「광장」)

"그는 좋은 집안의 많이 배운 사람치고 거만하거나 교만하지가 않았다."(김원일, 「불의 제전」)

"묘실의 흔적이 사라져 버린 건 둘째 치고 그 용술이 놈마저 한사코 의뭉스레 시치밀 떼고 나서는 것이 이만저만 수상해 보이질 않았다."(이청준, 「춤추는 사제」)

큰 소리
큰소리

'큰 소리'는 커다란 소리, 즉 작은 소리와 반대되는 말이다. 한편 '큰소리'는 소리의 크고 작음과 상관없는 소리다. '큰소리'에는 세 가지 뜻이 있다. 첫째, "목청을 돋워 가며 야단치는 소리". 둘째, "남 앞에서 잘난 체하며 뱃심 좋게 장담하거나 사실 이상으로 과장하여 하는 말". 셋째, "남한테 고분고분하지 않고 당당히 대하여 하는 말". '큰소리치다' '큰소리하다'는 모두 한 단어다. '크게 소리치다'라는 뜻이라면 '큰 소리 치다'라고 써야 한다.

"뭘 믿고 저렇게 큰소리를 탕탕 치는 건고?"

(염상섭, 「두 양주」)

"그러나 내겐 장인님이 감히 큰소리할 계제가 못 된다."(김유정, 「봄봄」)

하고
하며
하다

   다음 문장을 띄어 써 보자. '배하고사과하고감을가져
오너라.' 정답은 다음과 같다. "배하고 사과하고 감을
가져오너라." 여기서 '하고'는 "둘 이상의 사물이나 사
람을 같은 자격으로 이어 주는 접속 조사"다. '시골에서
쌀하며무하며배추하며보내왔다.' 이 문장을 올바로 띄
어 쓰면 다음과 같다. "시골에서 쌀하며 무하며 배추하
며 보내왔다." 여기서 '하며'는 품사와 뜻이 '하고'와 같
다. '하고'와 '하며' 모두 구어에서 많이 쓰인다. 마지막
으로 하나 더 해 보자. '일년하고석달.' 정답은 '일 년 하
고 석 달'이다. 여기서 '하고'는 동사 '하다'의 활용형으

로 "그것에 그치지 않고 거기에 더하여"라는 뜻으로 쓰인다. 조사 '하고'와 헷갈리면 안 된다.

"이 많은 음식도 너하고 이 집 식모애하고 둘이서 차렸단 말이지?"(박완서, 「도시의 흉년」)

한 번
한번

'한번'은 한 단어고, '한 번'은 수량이 하나임을 나타내는 관형사 '한'과 차례를 나타내거나 횟수를 세는 단위인 의존 명사 '번'으로 구성된 말이다. '한번'은 명사 또는 부사로 쓰이는데 어느 경우에도 그 용법이 차례나 횟수와는 무관하다. '한번 해 보다'와 '한 번 해 보다'라는 문장이 있다. 앞의 '한번'은 부사로 "시험 삼아 시도함"의 뜻이고, 뒤의 '한 번'은 1회(횟수)라는 의미다. 따라서 앞의 '한번'은 '두번'이나 '세번'으로 대체할 수 없지만, 뒤의 '한 번'은 '두 번'이나 '세 번'으로 얼마든지 바꿀 수 있다. '한번'은 명사로 언젠가("한번은 그런 일도 있었지."), 부사로 기회 있는 어떤 때("우리 집에 한번 놀러 오세요."), 어떤 행동이나 상태의 강조("춤 한번 잘 춘다."), 일단("한번 물면 절대 놓지 않는다.") 등의 뜻으로 쓰인다. 참고로 '다시 한번'의 '한번'은 늘 붙여 쓴다. '한번'과 '한 번'이 헷갈릴 때가 너무 많아 국립국어원에서는 공식적으로 '다시 한번'으로 통일하여 쓸 것을 권고한다.

"너 나를 한 번 더 형무소로 보내고 싶은 모양이구나."
(이병주, 「관부 연락선」)

"나룻이 긴 농부는 소녀 편을 한번 훑어보고는 (…)"
(황순원, 「소나기」)

"석주는 이를 뽀드득 갈며 다시 한번 힘껏 뒹굴었다."(한승원, 「목선」)

6

품사가 다른 말

깨나

꽤나

'깨나'는 조사이고 '꽤나'는 부사 '꽤'에 보조사 '나'가 붙은 말이다. '깨나'는 "어느 정도 이상의 뜻을 나타내는 보조사"다. 보통은 아니꼽거나 눈꼴사납다는 투로 쓰이며 부사 '좀'으로 바꾸어도 의미가 통한다. "돈깨나 있다고 남을 깔보면 되겠니?"는 '돈 좀 있다고 남을 깔보면 되겠니?'와 뉘앙스가 비슷하다. 여기서 '좀'은 의미상 '어지간히'에 가깝다. '꽤'는 "보통보다 조금 더한 정도로" "제법 괜찮을 정도로"의 뜻을 갖는다. 보조사 '나'는 '꽤'의 뜻을 강조한다. 예문에서 각각의 쓰임을 또렷이 확인할 수 있다.

"그의 집안은 이 바닥에서 대대로 권세깨나 누려 온 세족이었다."(김원일, 「불의 제전」)

"삼례는 이런 교통의 요지라 평소에도 구실아치나 양반들의 행차며 보부상과 예사 길손으로 꽤나 붐볐다."(송기숙, 「녹두장군」)

마냥
처럼

'마냥'은 부사로만 쓰이는 말이다. 일부 방언에서는 부사 '마냥'을 조사 '처럼'같이 쓰기도 하지만 "모양이 서로 비슷하거나 같음을 나타내는 격 조사"로서 표준 어는 '처럼'뿐이다. 경우에 따라 '처럼' 대신 사용할 수 있는 말은 '같이'다. '같이'는 부사로도, 조사로도 쓰인 다. '비가 올 것○○ 하늘이 어둡다'라는 문장에서 ○○ 에는 '처럼'과 '같이'를 모두 쓸 수 있지만, '마냥'은 써 서는 안 된다. 부사 '마냥'의 뜻은 세 가지다. 첫째, "언 제까지나 줄곧". 둘째, "부족함이 없이 실컷". 셋째, "보 통의 정도를 넘어 몹시". 순서대로 다음과 같이 쓰인다.

"영두는 또 그 망상스러운 입버릇으로 느물거리면서 마냥 성가시게 굴었다."(이문구, 「산 너머 남촌」)

"얼마든지 마냥 울 수 있는 그 설움이 남의 이목에 걸리어 겨우 목젖 밑에서만 끅끅하도록 만들어 놓았다."(김유정, 「슬픈 이야기」)

"분홍 스웨터 소매를 걷어 올린 팔과 목덜미가 마냥 희었다."(황순원, 「소나기」)

아니오

아니요

'아니오'는 형용사 '아니다'의 어간 '아니-'에 종결 어미 '-오'가 붙은 말이다. '이것은 물이 아니오' '아직 퇴근 시간이 아니오' 등과 같이 쓸 수 있다. 종결 어미 '-오'는 다음 예문들에 보이듯이 설명, 의문, 명령의 뜻을 드러낸다. "그대를 사랑하오." "얼마나 심려가 크시오?" "부모님이 기다릴 테니 빨리 집으로 돌아가오." 이러한 '하오체' 문장들은 오늘날 일상에서 입말로는 좀처럼 쓰이지 않는다. 한편 '아니요'는 감탄사로 "윗사람이 묻는 말에 부정하여 대답할 때 쓰는 말"이다. '아뇨'로 줄여도 무방하며 다음 예시처럼 쓰인다. '네가 문을 열었

252

니?' '아니요, 제가 안 열었어요.' '아니요'는 '네'와 상
대되는 말이기도 하다. '네, 아니오로 답하시오'는 '네,
아니요로 답하시오'라고 해야 맞다. 감탄사 '네'는 '예'
와 통용할 수 있다.

"청풍 김가라는 것이 자랑이 아닌 것처럼 무식한 것도
흉이 아니오."(염상섭, 「삼대」)

"나는 좀 더 고심스러운 질문을 계속해 나갔다. 그는
여전히 아니요 이외의 대답이 없었다."(이청준, 「빈방」)

엄한
애먼

'엄한'은 동사 '엄하다'의 활용형이라 '애먼'과 헷갈리면 곤란하다. '애먼'은 관형사다. 뜻은 두 가지인데 하나는 "일의 결과가 다른 데로 돌아가 억울하게 느껴지는"이고, 또 하나는 "일의 결과가 다른 데로 돌아가 엉뚱하게 느껴지는"이다. 일상에서 흔히 쓰는 표현 '애먼 사람'이 첫 번째 뜻, '애먼 짓'이 두 번째 뜻으로 쓴 것이다. 그러나 언중은 '애먼' 대신 '엄한'을 압도적으로 더 많이 쓰는 것 같다. '애먼'보다 '엄한'이 발음하기 쉬워서인지 아니면 '애먼'이 아무래도 익숙지 않은 말이어서 그런지 까닭은 알 수 없다.

"바리나 큰 짐이 들어올 때가 아니면 큰 대문은 결단코 열어 놓는 법이 없습니다. 이것은 아주 이 집의 엄한 가헌입니다."(채만식, 「태평천하」)

"정작 죄지은 놈들은 도망친 다음이라 애먼 사람들이 얻어맞고 나동그라졌다."(송기숙, 「암태도」)

완전
완전히

　동사와 형용사 등의 용언, 그리고 부사를 수식하는 말
이 부사다. 부사에는 문장의 한 성분을 꾸미는 성분 부
사와 문장 전체를 꾸미는 문장 부사가 있다. 중요한 것
은 부사가 수식하는 말이라는 사실이다. 근래에 잘못
쓰이는 말 중 하나가 '완전'이다. '완전 좋다' '완전 잘
생겼다' '완전 맛있다' 등과 같은 말들은 모두 잘못이
다. '좋다' '잘생기다' '맛있다' 등은 모두 용언으로서 부
사의 수식을 받아야 한다. 그런데 '완전'은 부사가 아니
라 명사다. '완전'은 '완전히' 같은 부사로 바꾸어 쓰거
나 그게 어색하면 '매우' '아주' '정말' 등의 다른 적절한

부사로 대체하는 것이 옳다. 다만 명사 '완전'은 일부 명사 앞에 (수식의 의미로) 쓰일 수 있다. "금융 시장의 완전 개방" "노사 분규 완전 타결" 등이 그 예다.

"야간 조들이 완전 무장을 꾸리고 초소를 향하여 출발하고 있었다."(황석영, 「무기의 그늘」)

"따지고 보면 우리들은 완전히 망각된 존재는 아니었다."(안정효, 「하얀 전쟁」)

않는가
않은가

'휴일에는 쉬어야 하지 ○○○?' ○○○에는 '않는가'
와 '않은가' 중 어떤 말이 들어가야 할까? 정답은 '않는가'
다. '이 문제는 너무 어렵지 ○○○?' 이번에는 ○○○
에 '않는가'와 '않은가' 중 무엇이 들어가야 할까? 정답
은 '않은가'다. 어떤 이유로 전자에는 '않는가', 후자에
는 '않은가'가 어울리는 것일까? 실마리는 '않는가' 혹
은 '않은가' 바로 앞에 오는 말의 품사에 있다. 앞 문
장에서는 '하지'(하다), 뒤 문장에서는 '어렵지'(어렵다)가
그것이다. '하다'는 동사, '어렵다'는 형용사다. '않다'
는 보조 동사로도, 보조 형용사로도 쓰이는 말이라 앞

말이 동사일 때는 보조 동사, 형용사일 때는 보조 형용사다. 그리고 어미 '-는가'는 동사에, '-은가'는 형용사에 붙는다. 이러한 이유로 '하지 않는가' '어렵지 않은가'가 된다. '왜 가만히 있지 ○○○?' '아직 기회가 있지 ○○○?' ○○○에는 '않는가'와 '않은가' 중 각각 무엇이 들어가야 할까? 앞 문장에는 '않는가', 뒤 문장에는 '않은가'가 들어가야 옳다. '있다'는 동사로도, 형용사로도 쓰인다. 전자의 '있지'는 동사, 후자의 '있지'는 형용사다. 참고로 어미 '-느냐'와 '-으냐'가 '않다'와 결합할 때의 쓰임 또한 '-는가'와 '-은가'의 쓰임과 같음을 알아 두자.

"우리가 각성바지로 모여서 형이니 동생이니 하고 지내는데, 친형제보다도 더 우애 있게 지내야 하지 않는가."(홍명희, 「임꺽정」)

"에이, 돌덩이 같은 사람! 어린것들이 불쌍하지도 않은가?"(박화성, 「홍수전후」)

어떤
어떨
어쩔

세 표현 모두 일상에서 흔히 혼용된다. 특히 'ㅇㅇ 때는 ~하고 ㅇㅇ 때는 ~하다'의 문장 구조로 자주 쓰인다. '어떤' '어떨' '어쩔' 가운데서 위의 ㅇㅇ에 들어가기 가장 어색한 말은 '어쩔'이다. '어쩔'은 동사 '어쩌다'의 활용형으로 '어쩌다'는 '어찌하다'의 준말이다. 뜻은 두 가지인데 "어떠한 것이 이유나 원인이 되다"(이 경우에는 주로 '어찌하여' 꼴로 쓰인다. "어찌하여 내 마음을 몰라줍니까?"), 그리고 "어떠한 방법으로 하다"("그러다 병이라도 나면 어찌하려고 그렇게 무리를 하느냐?")이다. '어쩌다'가 '어쩔'로 활용하는 경우에는 '어쩔 수' '어쩔 줄' '어쩔 테' 등에서와

260

같이 뒤에 의존 명사가 오는 경우가 많다. '어떤'과 '어 떨'은 모두 '어떻다'의 활용형인데 '어떻다'는 '어떠하 다'의 줄임말이다. '어떠하다'는 "의견, 성질, 형편, 상 태 따위가 어찌 되어 있다"라는 뜻의 형용사다. 그러므 로 '어떤'과 '어떨' 모두 '때'를 수식하는 말로 쓸 수 있 다(어떠한 때/어떠할 때). 다만 '어떤'의 경우, 관형사 '어떤' 과 잘 분별할 필요가 있다. '너는 어떤 때 노래하고 싶 어?'라는 문장에서 '어떤'은 형용사로, '어떤 음악 좋아 해요?'라는 문장에서 '어떤'은 관형사로 쓰였다("대상 을 뚜렷이 밝히지 아니하고 이를 때 쓰는 말"로서). 관형사 '어떤' 은 당연히 '어떨'로 대체할 수 없다.

"어떤 때는 나의 미치광이 같은 망상을 한심스럽게 돌 이켜 뉘우칠 경우도 있으니까 말이야."(서기원, 「전야제」)

7

다른 말에 붙는 말,
활용하는 말

-대
-데

   '-대'와 '-데' 모두 어미다. 둘 다 어미 '-으시-' '-었-' '-겠-' 뒤에 붙는 것은 같으나 '-대'는 형용사 어간에, '-데'는 '이다'의 어간, 용언의 어간에 붙는 점이 다르다. 그러면 '-대'와 '-데'는 각각 언제 쓰는가? 직접 경험한 사실이 아닌 것을 전할 때는 '-대'를, 직접 경험한 사실을 말할 때는 '-데'를 쓴다. '-대'는 '-다고 해'가 줄어든 말이다. '고향은 하나도 변하지 않았대'와 '고향은 하나도 변하지 않았데'는 어떻게 다를까? 전자는 고향이 하나도 변하지 않았다는 말을 누구한테서 듣고 나서 전달하는 것이고, 후자는 고향이 하나도 변하지 않았음을 직접 보고 나서 말하는 것이다. 앞 문장의 '않았대'는 '않았다더라', 뒤 문장의 '않았데'는 '않았더라'로 바꿔 보면 의미가 조금 더 명확해진다. '-다더라'는 들은 것을 일러 줄 때, '-더라'는 몸소 경험한 사실을 전달할 때 쓰는 종결 어미다. 한편 '-대'는 다음과 같이 "어떤 사실을 주어진 것으로 치고 그 사실에 대한 의문을 나타내는 종결 어미"로도 쓰인다. "신랑이 어쩜 이렇게 잘생겼대?"(놀람) "입춘이 지났는데 왜 이렇게 춥대?"(못마땅함)

"비밀이야 비밀. 일급비밀. 글쎄 그 장조카를 수위로 쓰고 있대."(박완서, 「도시의 흉년」)

"어느 날 느닷없이 훌쩍 증발해 버렸다고들 하데. 누구보다 열심히 살고 누구보다 영리하게 처세하던 사람이 말이야……."(이동하, 「도시의 늪」)

-던지
-든지

　'든지'는 조사로도, 어미로도 쓰인다. 조사 '든지'는 나열된 둘 이상의 일들 가운데 무엇을 선택해도 차이가 없음을 나타낼 때 쓴다. 어미로는 보통 '-든지 -든지' 형식으로 쓰인다. "나열된 동작이나 상태, 대상들 중에서 어느 것이든 선택될 수 있음"을 나타낼 때다. 그런가 하면 어떤 일이 일어나든 이어지는 일에는 영향을 미치지 않음을 밝힐 때도 쓰인다. 조사 '든지'든 어미 '-든지'든 각각 '든/든가' '-든/-든가'와 통용된다. '-든지'가 선택과 밀접한 관련이 있다면 '-던지'는 시간과 관계있는 어미다. 과거를 돌이켜 서술할 때 쓰이기 때문이다.

'든지'를 써야 할 때 '던지'를 쓰는 경우가 많은 까닭은 아마도 '던지'가 '든지'보다 발음하기 편해서일 것이다.

"나는 눈앞이 아찔아찔해지는 순간을 몇 번이나 거듭 겪어야 했던지 몰랐다."(과거를 서술)(이문구, 「관촌수필」)

"마님께서든지 영감마님께서든지 소인이 이 댁의 충노인 줄이나 알아주시기를 바랍니다."
('든지'가 조사로 쓰인 경우)(이인직, 「치악산」)

"부비야 드는 대로 쓰는 거지. 화산 역사에 쓸 부비가 없으면 보내 주든지 가지고 가든지 네 생각대로 해라."(어느 쪽을 선택해도 상관없다는 뜻)(홍명희, 「임꺽정」)

"어쩌면 같은 학년이 될지도 모르니까 좋든 싫든 서로 친하게 지내야 되겠군."(선택하는 게 별로 의미가 없다는 뜻)
(박태순, 「어느 사학도의 젊은 시절」)

-라
-으라
-아라
-어라

   '-라' '-으라' '-아라' '-어라'는 모두 "명령의 뜻을 나타내는" 종결 어미다. 다만 '-라' '-으라'는 "구체적으로 정해지지 않은 청자나 독자에게 책 따위의 매체를" 통할 때 쓰고, '-아라' '-어라'는 구체적인 청자에게 직접 말할 때 사용한다. "맞는 답을 골라 쓰라" "너 자신을 알라" "그대들 앞날에 영광이 있으라" 등은 전자의 예에, "내 손을 꼭 잡아라" "그것을 잘 보아라" "천천히 먹어라" "어서 씻어라" 등은 후자의 예에 해당한다. '-라'는 받침 없는 동사(쓰라) 어간이나 'ㄹ' 받침인 동사(알라) 어간에 붙고, '-으라'는 'ㄹ'을 제외한 받침 있

는 동사(있으라) 뒤에 붙는다. '-아라'는 끝음절의 모음
이 'ㅏ, ㅗ'인 동사(잡아라, 보아라) 어간 뒤에 붙고, '-어
라'는 끝음절의 모음이 'ㅏ, ㅗ'가 아닌 동사(먹어라, 씻어
라) 어간 뒤에 붙는다. 한편 '-거라'는 '-어라'보다 예스
러운 느낌을 준다. '오거라'의 경우 '-거라'와 뉘앙스
가 비슷한 '-너라'를 붙여 '오너라'라고 할 수도 있다.

　　"여자들도 모조리 남복으로 바꾸어 입고 군막 안으로
　모여 명령을 대기하고 있으라!"(박종화, 「임진왜란」)

-래야
-려야

   '-래야'는 '-라고 해야'가 줄어든 말로 "집이래야 방 하나에 부엌이 있을 뿐이다" "그 사람은 누가 오래야 오는 사람이라 스스로는 안 올 것이다" 등과 같이 쓰인다. 각각 '집이라고 해야 방 하나에 부엌이 있을 뿐이다' '그 사람은 누가 오라고 해야 오는 사람이라 스스로는 안 올 것이다'를 줄인 문장이다. 참고로 '-래야'는 '-랬자'와 뜻이 통한다. "사장이랬자 조그만 가게 사장이다"와 같이 쓰인다. '뗄래야 뗄 수 없다' '안 할래야 안 할 수가 없다'는 각각 '떼려야 뗄 수 없다' '안 하려야 안 할 수가 없다'라고 써야 맞다. '-려야'는 '-려고 하여야'가 줄어든 말이다. 이를 적용하면 '떼려고 하여야(하여도) 뗄 수 없다' '안 하려고 하여야(하여도) 안 할 수가 없다'가 되겠다. '— 래야'와 '-려야'는 이렇듯 뜻과 쓰임이 아예 다르다.

"술상이래야 날김치 한 종지에 먹다 남은 찌개 냄비 하나뿐이지만 냄비나 수저 따위는 윤이 나도록 닦여 있다."(이문희, 「흑맥」)

"얼굴에 병색조차 돌고 장부의 기상이라고는 찾으려야 찾을 수 없는 것이 자기가 그리는 사윗감과는 대상 부동이었다."(현진건, 「무영탑」)

-시키다
-하다

접미사 '–시키다'는 일부 명사 뒤에 붙어 "'사동'의
뜻을 더하고 동사를" 만드는 역할을 한다. '–하게 하
다' 또는 '–되게 하다'의 의미를 갖는 말이다. 예컨대 '교
육하다'를 사동형으로 만들면 '교육시키다'가 된다. '부
모님이 나를 교육했다'와 '부모님이 나를 교육시켰다'는
의미상 어떻게 다를까? 전자는 부모님이 나를 직접 교육
했다는 말이고, 후자는 부모님이 교육 기관 등으로 하여
금 나를 교육하게 했다는 말이다. 문제는 '–하다'를 써야
하는 경우에 '–시키다'를 쓰는 경우다. 예컨대 '소개하
다'는 "서로 모르는 사람들 사이에서 양편이 알고 지내

272

도록 관계를 맺어 주다"라는 뜻으로 '소개시키다'라고
쓰면 '소개하게 하다'가 되어 의미가 변한다. 한편 '－시
키다'에 다른 대상을 통해 무언가를 하게 한다는 의미
만 있는 것은 아니다. '어머니를 병원에 입원시켰다'라
는 문장은 누군가로 하여금 어머니를 입원하게 했다는
말일 수도 있지만, 어머니가 입원하도록 조치를 취했다
는 뜻을 갖기도 한다.

"영래가 아이들을 오목내 다리 밑의 모래펄로 집합시
켜서는 축구 시합을 응원하도록 하는 거였다."

(황석영, 「아우를 위하여」)

"수운 대선생께서는 여종 두 사람을 해방하여 한 사람
은 양녀를 삼고 또 한 사람은 며느리를 삼았소."

(송기숙, 「녹두장군」)

에
에게

　격조사 '에'는 무정 명사("감정을 나타내지 못하는, 식물이나 무생물을 가리키는 명사")에, '에게'는 유정 명사("감정을 나타내는, 사람이나 동물을 가리키는 명사")에 쓰는 것이 일반적이다. '축구 경기에서 일본에 이겼다' '정부에 대책 마련을 촉구하다' 등의 문장에서 일본이나 정부는 무정 명사이므로 '일본에게' '정부에게'와 같이 쓰면 어색하다. '꽃에게 물을 주다'는 꽃이 식물이므로 '꽃에 물을 주다'로 써야 자연스럽다. 보통 '에'를 써야 할 때 '에게'를 쓰는 일이 그 반대의 경우보다 많다. 다만 상상력의 소산이기도 한 문학 작품에서는 무정 명사에도 종종 '에게'

를 붙이곤 한다.

"그들은 미국에 호감을 갖거나 미국 지향적인 인사에
게는 그의 과거가 어떻든 관대히 맞아 주었다."

(최일남, 「거룩한 응달」)

-에요

-이에요

-예요

'-에요'는 종결 어미로 조사 '이다'나 형용사 '아니다'의 어간 뒤에 온다. 체언과 결합할 때는 '이다'의 어간 '이-' 뒤에 붙는다. 자음으로 끝나는 체언에는 '-이에요'의 형태로('꽃이에요' '구름이에요' '포도밭이에요'), 모음으로 끝나는 체언에는 '-이에요'가 줄어든 '-예요'의 형태로('양파예요' '무지개예요' '딱따구리예요') 결합한다. 형용사 '아니다'와 결합할 때는 '아니에요'와 같이 그 어간에 바로 붙는다. 한편 체언 중에 자음으로 끝나는 사람 이름(경선, 용국)은 '경선이' '용국이'처럼 어조를 고르는 접미사 '-이'를 붙여 '경선이예요(경선+이+이에요)' '용국이예

276

요(용국+이+이에요)'처럼 쓴다. '경선이에요(경선예요)' '용국이에요(용국예요)'와 같이 쓰면 잘못이다. 모음으로 끝나는 사람 이름 뒤에는 '새나예요' '슬기예요'처럼 '-이에요(-예요)'가 붙는다. 그런가 하면 '지금 몇 시예요?'라는 질문에는 일례로 '여섯 시예요'라고 해야 맞지만, '야구 경기는 언제 시작해요?'라는 질문에는 '여섯 시에요'(여기서 '시에요'는 체언 '시'에 격조사 '에'와 보조사 '요'가 결합한 것이다)라고 답해야 맞다. '대한민국에서 가장 큰 섬은 어디예요?'에는 '제주도예요'가 맞는 답이지만, '한라산은 어디에 있어요?'에는 '제주도에요'(제주도+에+요)가 옳은 답이다. 한편 '-에요'와 '-예요'는 '-어요' '-여요(-이어요)'와 통용할 수 있어, '바람이에요'는 '바람이어요', '소나기예요'는 '소나기여요'라고 써도 괜찮다.

-요
요
이요

　"그는 식당 의자에 앉자마자 '여기 냉면이요'라고 주문하였다." 이 문장의 '냉면이요'에서 '이요'는 보조사로 "받침 있는 체언" '냉면' 뒤에 붙어 "청자에게 존대의 뜻을 나타내는" 역할을 하고 있다. 보조사 '이요' 대신 의미와 역할이 비슷한 보조사 '요'를 써도 된다. 즉 '여기 냉면이요'와 '여기 냉면요' 모두 문법적으로 문제없는 표현이다. 본래 이러한 쓰임으로는 보조사 '요'만 사용할 수 있었으나, 2020년에 '이요'도 표준어로 인정되었다. "기름은 얼마나 넣을까요?" "가득이요." 이 예시에서 '가득이요'는 '가득요'로 써도 무방하다. "어떤 사물이나 사실 따위를 열거할 때 쓰이는 연결 어미"'-요'와 위에서 살펴본 조사 '요'를 헷갈리지 않도록 유의하자. 연결 어미 '-요'는 다음의 예문에서처럼 쓰인다. "이것은 말이요, 그것은 소요, 저것은 돼지이다."

우리말 기본기 다지기

바른 문장, 섬세한 표현을 위한 맞춤법 표준어 공부

초판 1쇄 인쇄 2024년 11월 15일
초판 1쇄 발행 2024년 11월 26일

지은이 오경철

편집 정소리 이원주 | 디자인 이정민 이주영
마케팅 김선진 김다정 | 모니터 정혜인
브랜딩 함유지 함근아 박민재 김희숙 이송이 박다솔 조다현 배진성 이서진 김하연
저작권 박지영 형소진 최은진 오서영
제작 강신은 김동욱 이순호 | 제작처 영신사

펴낸곳 (주)교유당 | 펴낸이 신정민
출판등록 2019년 5월 24일 제406-2019-000052호

주소 10881 경기도 파주시 회동길 210
문의전화 031.955.8891(마케팅) | 031.955.2692(편집) | 031.955.8855(팩스)
전자우편 gyoyudang@munhak.com

인스타그램 @gyoyu_books | 트위터 @gyoyu_books | 페이스북 @gyoyubooks

ISBN 979-11-93710-80-7 03700